新闻传播学新视界译丛

新闻传播学·新视界译丛
陈卫星◎主编

# 公共新闻研究：理论、实践与批评

# The Pursuit of Public Journalism
## Theory, Practice, and Criticism

[美] 坦尼·哈斯 著
曹进 译

華夏出版社

**图书在版编目（CIP）数据**
公共新闻研究：理论、实践与批评／（美）坦尼·哈斯著；曹进译．－－北京：华夏出版社，2010.4

书名原文：The Pursuit of Public Journalism Theory, Practice, and Criticism
ISBN 978-7-5080-5711-8

Ⅰ.①公… Ⅱ.①哈… ②曹… Ⅲ.①新闻学－研究 Ⅳ.①G210

中国版本图书馆CIP数据核字（2010）第060480号

The Pursuit of Public Journalism Theory, Practice, and Criticism by Tanni Haas


北京市版权局著作权合同登记号：图字01-2009-7368号

出版发行：华夏出版社（北京市东城区东直门外香河园北里4号 邮编：100028）
经销：新华书店
印刷：北京圣瑞伦印刷厂
装订：三河市李旗庄少明装订厂
版次：2010年4月北京第1版
印次：2010年4月北京第1次印刷
开本：720X990 1/16开
印张：16
字数：175千字
定价：39.00元

# 总 序

理解传播即是理解我们所在的社会和时代：传播的目的是按照社会阶层的变化和现实力量的对比关系来营造文化和意识形态的合法性。如果把传播视为一种进步力量，视为社会发展的重要动力，那么在政治、经济、社会和文化四个维度的历史进程中，都可以观察到传播的影响。传播在政治权力的确立与合法化的过程中，在现代民族国家的建立过程中，在市场经济和工业化的过程中，以多种具体形式——例如平面媒体和电子媒体的信息表现，等等——参与了传统文化秩序的衰落、现代职业伦理的形成与巩固，以及生活价值观的不断更替。很多时候，通过大众媒体展现在大众面前的传播行为，被视为主要的社会影响力。

人类的传播行为历史悠久，从远古时代口耳相传的音调，到自然语言向对象语言的过渡；从甲骨竹简到纸张印刷，再到电子显示屏，都强调了社会主体传播活动的内部反应，或者社会主体间互动反应的关系。没有一个信息能够脱离社会结构，或者脱离信息传播者和信息接受者共处的具体环境。信息的存在方式绝不仅仅是信息本身：信息总是处在传播者和接受者双方的互动关系当中。可以设想，在一个传播行动当中，我们只是在特定的时间和空间条件下，提取特定的信息作为我们意识当中的表象，来作为支持自己的信念和观念的依据。

当今的时代是一个世界逐渐平面化的时代，这个平面化的过程是通过经济全球化来完成的。随着以互联网为代表的新信息传播技术的全面普及，人类的传播行为几乎与真实时间和虚拟空间形成一种技术上的平行关系。一方面，如何建构社会主体间的关系取决于信息传播的行为效益，信息博弈是传播权力社会化膨胀的表征；另一方面，时空分离的流动结构同时也产生着身份重叠和身份压缩，信息传播的瞬间效益驱动人类行为的快餐化。当植根于传统的文化性习俗和宗教性理念，越来越趋于成为固守身份的唯一支撑点时，碎片化的现实不断把各种自然和人为的风险推到危机管理的前台。这不仅考验着人们的智慧，也预示着建立新精神平台的希望。

毋庸置疑，传媒的历史性贡献是通过媒介化的表象，形成一种社会关系的组织模式，一种社会的象征再生产的表现。信息需求的增长和社会分化的机制同步，传播效应在很大程度上建构了我们思维、感知、经验、记忆和交往的模式。传播之所以成为当代社会的主要整合机制，是由于现代社会的风险变迁导致人们对信息的需求快速增加。生产发展带来新的生活秩序、人际关系网络和生活方式，社会提供的丰富产品解构了传统的家庭生活，强化了个人主义和相对主义的信仰，增加了大多数人的依赖性和脆弱性，这些都需要通过向社会寻求信息支持来加以缓解。在传播的公共性得以扩展的同时，传播的利益机制也在形成。

透过人们的新闻传播实践，包括对传播主体、传播行为、传播过程、传播手段和传播效果的考察，可以在不同的层面上认识和再认识社会关系、实践、话语和制度；重新把握社会整体的系统结构及其相互依赖性；重新认识社会冲突、权力结构和管理模式，等等。对那些重新思考新闻传播的理念在舆论形成、生产实践和社会运行中的功能的人来说，不但相信新闻传播是维持现存社会－经济结构的合法化手段，更要关注社会主体的多元互动如何通过话语建构来推进文化和社会的共同体的形成。

今天，信息传播的模式正面临着全球化的挑战。因为，在全球化过程中，活动主体（个体、群体、国家）面临着被重新界定的风险，如在经济、政治、社会、文化、伦理等方面，重新界定意味着结构与解构、排斥与认可、非法与合法、中心化与边缘化、优势与劣势、选择与放弃、转移与接收等二难推理。在这种充满矛盾的现实进程中，信息传播成为主体选择机制运转的润滑剂，如何在理论和实践上把握信息传播，乃是最终确定这种选择的关键。许多问题都可以从这一视角展开思考：例如，如何定义信息传播与社会发展的互动关系的丰富内涵？如何把文化创意纳入信息产业的公共服务体系？如何规避新信息传播技术的社会风险？如何把接近和应用媒介资源当做完善社会治理结构的重要组成部分？等等。

自从20世纪90年代以来，新闻学和传播学在中国成为增长最快的学科和专业之一。形成这种令人鼓舞的局面，显然是因为改革和开放的中国，逐渐成长为一个越来越具有数量规模，同时也越来越具有质量效果的信息源。改革开放首先源于“思想解放”的信息启动，并随着向现代化过渡的社会转型，开始释放中国人不断创新的社会生产力。无论是在社会发展的横截面上，还是在社会建构的纵剖面中，信息的增长和变异终于使中国矗立在现代性和全球化叙事的交叉点上。面对这一机遇，新闻传播学的学科建设和学术研究需要不断开拓视野，更新思维，整合和提炼新的学科信息，作为建构本土学术文化的必要参照和反思对象。

理解传播即是理解我们所在的社会和时代。由此产生的期待，不仅是为满足专业人才的培训，亦是信息传播如何从生产、流通和扩散的层面上满足社会经济条件或政治文化条件的经验期待。这种期待同时也是学科建设的期待：如何让信息传播与人类社会的理想追求趋于一致？如何辨析西方中心主义的方法论误置，从本土的社会现实和文化传统中挖掘出传播的价值和特色？如何避免西方传播思想当中的悲观主义和乐观主义的不足，从本土社会的动力结构出发?，考察传播主体的身份建构?

如果说借助于各种技术手段和内容符号的信息流动，是社会再生产的重要基础，那么新闻传播的技术可能性和社会扩展性，究竟向我们提出了什么问题，需要思考或重新思考？就方法论的意义而言，这里至少涉及到三个层面的问题：应当关注什么知识的问题，传播理论与经验研究相联系的问题，以及经验对象本身怎样成为理论创新的信息源的问题。编辑出版这套译丛意在提供系列文本，来更新信息储备和扩展思路，同时提供学术借鉴和学术批评的对象。感谢各位译者，因为完成工作的字斟句酌无异于一场跨文化历险；感谢责任编辑；感谢撰写序言的各位学者，不同的专业学术思路提供了丰富的参考视角；感谢读者，对这些文本的阅读、讨论和批评既是对本土学术文化建设的参与，也是真正的、具有现实意义的传播实践。

陈卫星

中国传媒大学教授、博士生导师

# 序　言

## 公共新闻与公众协商

也许从未有过哪个新闻话语像"公共新闻"这样掀起新闻圈的波澜，不仅牵动了学界与业界，而且漂洋过海，从美国拓展到亚非欧诸国，因此，称其为"新闻内部社会运动"[1] 完全不为过。如果从 1988 年美国佐治亚州哥伦布市《记事问讯报》发起的第一例公共新闻创举算起，公共新闻实践到现在已经历了 23 个年头，开展了成百上千个实践项目，催生了大量的论文与著作。中国大陆从 1999 年开始介绍公共新闻概念[2]，到 2004 年较为集中地发表研究论文[3]，也在十余年的时间里形成了较为广泛的研究兴趣，并有新闻媒体尝试进行公共新闻的实践。

然而，公共新闻运动从一开始就伴随着各种争议和批评，也面临着诸多困境：理论层面的混乱纠结与模糊不清，实践过程中的手段方法与效果评估等，都严重阻碍了公共新闻事业的发展。因此，当初始的新鲜与兴奋消退，当实践的激情渐趋平淡，公共新闻的高潮似乎逐渐减弱，近年来甚至有人断言：公共新闻实践已经走到末路[4]，尤其是近年来以互联网为主要平台的公民新闻的兴起，似乎更是宣告了公共新闻业的终结。

果真如此吗？公共新闻是否真的过时了？有关公共新闻的讨论是否不再能够引发兴趣？尤其是对于中国的新闻界而言，我们是否还有必要学习它？带着这些问题走进坦尼·哈斯教授的著作《公共新闻研究：理论、实践与批评》，也许你会发现，这些问题的提出本身即表明，我们对于公共新闻的理解仍然不够透彻，因为有关公共新闻的问题并不止于公共新闻本身，而是关系到整个新闻事业的发展，涉及新闻与民主关系的核心问题。更为重要的是，哈斯明确表达了今天讨论公共新闻的社会背景：广泛存在的社会不公正。在本书开篇，哈斯开宗明义："我认为在社会不公愈演愈烈的情况下，记者应该关注与边缘群体利益相关的公众协商，无论是协商过程还是协商结果；支持能够增进这些利益的政治家、候选人和政治提案；要与寻求更多特殊利益的利益集团共进退"。因此，不论公共新闻运动发展到哪一阶段、也不论它是否正走向式微甚或被"XX新闻"所取代，只要它所面临的社会问题——社会不公正——依然存在，公共新闻的理论与实践就依然具有不容置疑的价值。

本书篇幅虽然不长，但是涉及的问题相当广泛，也较为全面、系统地总结了公共新闻的理论与实践问题，在以下几个方面它还独具特色：

第一，以协商民主和协商公众为核心，阐述了公共新闻的理论基础（哈斯将其表述为"公共哲学"）。哈斯并没有陷入有关公共新闻的理论争辩之中，而是针对既有理论框架中的悖论，以及过往论争中的矛盾焦点，直指公共新闻的关键问题——记者应当怎样看待公众，鼓励何种形式的公众协商和应对措施，以及如何在实践中影响公共话语，等等。哈斯的解决之道非常明确，即依靠协商民主和协商公众。公共新闻的早期倡导者曾经高举社群主义的旗帜以批评基于自由主义民主理论的传统新闻实践，但在哈斯看来，社群主义和自由主义关于公众的理解都是不全面的。社群主义强调社群利益，但是低估了共同体内部的利益冲突，而且缺乏具体的协商机制；自由主义素来推崇个人价值，却忽视了公众的共同目标和协作精神。因此，哈斯引入哈贝马斯的协商公众概念来指导公共新闻实践。哈斯的协商公众不同于社群主义的共同体，即并不事先假定存在某些自然的、局部的、超越的共识，而是需要通过理性对话与协商以形成一个公众群体："一个靠共同思考而存在的群体"。公共新闻的目的就是促进协商群体的形成与发展，为此，新闻工作必须改变传统，不再独自把持新闻议程设定的权力，而是“让公民作为积极合作者加入到新闻制作中来”。新闻记者则无须坚持表面的客观与中立，而应该主动介入到协商过程之中，以促进社会问题的真正解决。应当说，哈斯吸收了近些年来新兴的协商民主的政治哲学理念，对于解决有关公共新闻的争辩与矛盾有所帮助，同时也为指导和评估公共新闻实践设立了标准，使其更具可行性和操作性。

第二，本书较为全面地总结了有关公共新闻的实证研究成果，并通过具体案例研究分析了公共新闻实践的成绩与问题。在这些研究中，有关公共新闻的新闻来源的阐述尤其引人关注，因为它与协商公众、协商民主的理念密切相关。虽然有些定量研究显示，公共新闻中来自普通公众的消息明显增加，甚至超过来自精英的消息，但是哈斯的批评性文本分析却显示，由于存在公众证言的个人经验化和精英证言的一般化倾向，新闻机构并没有真正以协商公众的理念对待作为消息来源的公众。这些实证研究不仅能够让人们更深入地了解公共新闻实践的具体内容与方式，而且有助于建立更科学完善的评估指标与标准，从而促进中国的公共新闻实践。以往国内有关公共新闻的研究大多以理论探讨为主，这对于如此重大的新闻学研究的范式转型毫无疑问是必不可少的，但是实证资料的缺乏难免会导致对公共新闻的实践要求的判断缺乏现实依据，以致想当然地给一些新闻实践戴上了公共新闻的帽子，在一定程度上削弱了公共新闻运动所追求的目标。

第三，本书以共识会议模式为蓝本，构想了公共新闻推进协商民主、促进协商公众形成的具体机制和组织形式，使得公共新闻实践更具可操作性。在丹麦医疗技术领域形成的“共识发展会议模式”有效促进了民众、专家与政府之间的互动协作，哈斯将其引介到公共新闻实践中，未尝不是一个很好的动议。这种模式把政府官员视为同道而非敌人，不仅符合协商民主的本义，而且有利于缓解美国新闻界与政界之间长期存在的“敌对文化”[5]，从而有可能减轻由此而造成的政治冷漠和犬儒主义。

第四，对于学界业界的批评，哈斯不仅进行了正面的回应，而且还从新闻边界和专业典范的角度加以分析，具有一定的合理性。比如，新闻界同行对于公共新闻的批评往往措辞激烈，将其比作宗教运动。哈斯认为，这实际上体现了专业社群维护边界的需要。事实上，新的理念对于既有的专业典范冲击越大，这种维护边界的努力也就越突出。同样地，有关公共新闻带有商业目的的批评，也反映了从业者对于越来越严重的“企业殖民化”现象的抵制，而非仅仅针对公共新闻实践本身。由此可见，公共新闻确实是新闻业的一项重大改革，它不只是使用花哨的技巧以夺人眼球，而是真正触动了新闻业的核心典范。历史地看，类似的论争曾经极大地促进了新闻事业的发展[6]。因此，不论实验结果如何，从这一意义上说，公共新闻运动具有不可估量的价值。

最后，哈斯简要分析了以公民为基础的新型实践形态，将其视作是公共新闻的发展与深化，间接地驳斥了有关公共新闻将被取代的意见。在一些批评者看来，诸如公民博客、社区网站等新的新闻实践形态，打破了新闻机构把关的权力限制，实现了真正的公民新闻。但是，一方面，根据哈斯的分析，并非所有的新形式都真正以公众为基本立场，许多公民博客仍然体现了精英视角；另一方面，即使像独立媒体中心这样的网站能够反映非主流观点，然而在“广泛的社会不平等条件下”，仅仅依靠这些网站还不足以扭转乾坤，传统的新闻机构仍然需要努力改革以满足社会需求，这也是新闻业的历史使命。

哈斯的著作带给我们的启示当然不只上述几个方面，每个读者都可以有自己的体悟与收获。不过，当我们把它推介给中文读者的时候，还需要对于我们自身所处的语境拥有清醒的意识，也就是说，当我们从中国当下的语境来审视这场发端于美国的公共新闻运动时，又会面临一些新的问题。比如从新闻边界和专业典范的角度来反思，公共新闻在中国的新闻专业社群需要协调哪些矛盾？众所周知，美国的公共新闻运动起始于不满"赛马式的"大选报道，是在批评传统的"堡垒新闻业"基础之上发展而来，旨在救治美国民主政治中的政治冷漠等毛病。那么，这些问题在中国存在吗？如果不存在，中国实践公共新闻的意义何在，目标何指？有研究显示，中国新闻从业者的专业意识呈现出"局部的"、"碎片化"的特征[7]，并无堡垒可言，那么引入公共新闻的概念，对于中国新闻专业规范建设、维护新闻自治边界，是有利还是有弊？或者说，我们应当如何阐释公共新闻理论，使其适应中国的水土？作为本书的中国读者，我们不得不带着这些问题走出哈斯的世界。

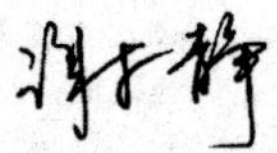

复旦大学新闻学院副教授

---

1. 美国学者舒德森的评价，参见本书。
2. 1999 年第 5 期《国际新闻界》杂志刊登了邵国松翻译的系列书评，其中一本著作是兰伯恩、迈耶和索森撰写的《公共新闻事业》。
3. 我国公共新闻研究状况参见郑保卫、樊亚平：《我国公共新闻研究的回顾与前瞻》，《新闻记者》，2008 年 8 月。
4. 利兹大学的 Francisco Seoane Pérez 在评价本书时就曾指出，作为一项社会运动，公共新闻已经死亡。载于 *International Journal of Media and Cultural Politics* 4(2)，第 268－271 页。
5. 参见 Altschull, J. H. (1990): *From Milton to McLuhan : the ideas behind American journalism*. New York: Longman
6. 谢静："协商规范——美国媒介批评与新闻专业规范之建构和解构"。《新闻大学》，2003（秋季号），第 60－64 页。
7. 参见陆晔、潘忠党（2002）："成名的想象：中国社会转型过程中新闻从业者的专业主义话语建构"，《新闻学研究》（台湾），2002 年第 4 期。

# 致谢

本书只是我在事业上屡受关照的一次小小证明。没有与我共事的挚友琳达·斯坦纳，我就无法清晰地表达我的见解，她总是给予我精神旅途上孜孜不倦的指引。她对我本人以及我的学术灵感的信任让我可以相信自己。系主任蒂姆·古拉让我领略到做学问的快乐。他对于语言的热爱、化平凡为非凡的能力，以及睿智的幽默让我的学术生涯充满了生机与欢笑。你们是我的良师益友，对此我深深地感激。我只希望能够成为像你们那样的教师。感谢克里斯托弗·基米希校长给我创作的时间与空间。最后，感谢我最亲爱的儿子米兰，你是我继续活在世上的理由。

# 目 录

CONTENTS

# 第一章　公共新闻的发端

“公共新闻”这个新闻学概念指的是一个多元现象。作为公共新闻的学术倡导者之一，杰伊·罗森（1995，p. v）认为公共新闻同时表达三层含义。其一是关于媒体何去何从的一项主张，其二指现实生活的一系列实践，其三是关心改革之可能性的人和组织的一场运动。在开篇一章中，我将在新闻学范畴内对公共新闻作一概述并加以讨论，因此将会论及后面几章要详加讨论的问题。遵循罗森的三分法，我将提

002 出公共新闻的基本主张及其历史渊源，描述公共新闻如何应用于实践，包括审视一些出现最早且最具影响力的公共新闻行动，还会谈及为公共新闻作为一个新闻改革运动的出现和发展而做出巨大贡献的个人与组织。

首先，我将列举公共新闻理论的基本主张，尤其是杰伊·罗森，戴维斯·梅里特和阿瑟·查里蒂等公共新闻理论的学术与新闻实践倡导者所提出的观点。这些观点包括新闻与民主的关系，新闻从业者眼中的公众，新闻从业者在公众生活中应当扮演的角色等。随后，通过 20 世纪 20 年代新闻记者沃尔特·李普曼和哲学家约翰·杜威的著名辩论，20 世纪 40 至 50 年代哈钦斯新闻自由委员会的报道和 20 世纪 90 年代关于协商民主的一些理论及实证的著作，以及 1988 年饱受非议的美国总统选举，我试图追寻这些公共新闻理论的历史渊源。然后，我将论述公共新闻在实践中如何实施。在对公共新闻实践作了简要概括之后，我将详细介绍一些出现最早且最具影响力的公共新闻实践活动，特别是那些由北卡罗来纳州《夏洛特观察者报》、佐治亚州哥伦比亚市《纪事问讯报》、弗吉尼亚州《诺福克先锋报》、堪萨斯州的《威奇托鹰报》及《威斯康星州报》所进行的实践。在关于公共新闻理论与实践的讨论之后，我将从公共新闻作为一项新闻改革运动的视角出发，考察众多学者和机构在公共新闻的发端及其发展过程中所扮演的角色。这些学者和机构包括凯特琳基金会、里德骑士报业集团、皮尤公民新闻中心、公共生活与新闻计划、公共新闻网络等。最后我将介绍本书其余章节的结构和内容。

## 基本主张

正如罗森（1995）所指出的那样，公共新闻这个概念应该从两个层面去理解：公共新闻名义下的言与行。然而，包括罗森本人在内的公共新闻的倡导者们却并没有清楚地指出：公共新闻本身也是一种新闻哲学。实际上，本书的核心观点之一即认为公共新闻需要一种指导性的“公共哲学”。在第二章，我将试图论述这种公共哲学。

一些公共新闻倡导者的著作，尽管总体上缺乏理论创新与独特性，但是的确曾包含了一些基本的主张，这些主张有助于区分公共新闻与传统的主流新闻。最为根本之处在于，倡导者们认为公共新闻基于一种隐性的假设：如果新闻与民主不是相互依存的话，它们之间至少具有内在联系。虽然倡导者们承认新闻实践依赖于一定程度的民主保护，特别是保护其不受政府的干预，但是他们同时认为真正的民主也依赖于一种致力于促进民众积极参与民主进程的新闻实践（参见例如：查里蒂，1995；梅里特，1998；罗森，1999a）。倡导者们认为，传统主流新闻中缺乏激励公众参与的努力，导致了参与民主进程的市民数量大幅降低。选民参与政治选举的数量不断减少，而且，在本地社区事务中市民的参与程度不断降低，均说明了这一点。这种缺失也影响了公众对新闻媒体报道的政治新闻的兴趣和关注，报纸阅读量的下降就是例证。换言之，倡导者们认为现代社会存在两个不断扩大却又并非不可弥合的鸿沟。一个介于公民与政府之间，另一个存在于新闻机构与其受众之间。他们认

003 004 为，为了弥合或者至少是缩小这些鸿沟，新闻工作者们应该将激发民众投身并积极参与民主进程作为自己的首要任务。正如格拉瑟和李（2002，p. 203）指出：“公共新闻建立在一个微小却不乏争议的前提之下，即媒体的目标不光是促进、更要改善公共生活或公民生活的质量，而不仅仅是报道和抱怨。”。罗森（1998，p. 54）也有一个类似的表述。他认为新闻工作者应当“**告知**民众并**教化**民众”。

倡导者们认为新闻的首要责任是促进民主进程中公民的积极参与，却没有清楚地表明新闻应当推动何种形式的民主。在关于这个问题的有限论述中，梅里特（1998，p. 142）指出公共新闻“不应该寻求与政府为伍，或者将其取而代之，而应该寻求公众有效地参与管理过程”。尽管缺乏理论支持，公共新闻的实践表明新闻工作者正致力于建立一种协商民主，这种协商民主综合了代议民主与直接参与民主的特征。具体来说，新闻工作者们致力于一种协商民主，在协商民主中，政府官员对公民负有责任，同时公民积极参与当地社区事务。

正如接下来我将详细论述的一样，新闻机构在公共新闻实践中，挑战了盛极一时的选举报道模式，例如报道聚焦于选民关注的问题而不是候选人的竞选日程，向选民征集关于候选人打算如何解决这些问题的提问并刊登候选人的反馈，组织多种多样的选民与候选人见面会。不仅如此，新闻机构在促进公众积极参与当地社区事务方面也有诸多贡献。例如在报道中关注当地居民所关心的问题，阐述居民自身对这些问题的解决之道，创办多种短期和长期的协商与解决问题的平台，包括圆桌会议、市政会议及当地民间组织。在下一章，我将重提新闻应该促进何种

形式的民主这一问题，提出公共新闻的问题解决模式。尤其特别的是，004
我认为，新闻从业者应该认真考虑哪种形式的干预会有助于所调查的特定问题的解决，即究竟是采用政府干预还是市民干预，而不是在代议民主与直接参与民主之间作出选择。

除了没有明确指出新闻应该促进何种民主之外，倡导者们也忽略了另一问题：新闻工作者如何看待公众对话。尽管大量的公共新闻文献都谈到新闻工作者在加速公众对话中的责任，但问题是人们并不清楚新闻工作者是否应该视公众对话为“面对面的谈话”或“大众参与的协商”。虽然我们在上文提到，公共新闻的实践表明这两者在新闻工作者的工作中是偶合的，但倡导者们并未弄清它们之间的关系。梅里特（1998，p. 97）在一篇关于这个问题的文章中，也仅仅指出公共新闻依赖于从业者的“提供相关信息及场所以讨论该信息并使之成为民主决议的能力和意愿”。这又是一个清楚却依然欲言又止的论述。在协商民主的理论文献中，倡导者们对公众对话的概念差别也可以看出这种特性的缺失。我将在稍后详细论述。

倡导者们认为，不论是将协商民主理解为代表民主抑或是直接参与民主，为了有助于促进其发展，新闻从业者应当改变他们对大众的传统看法和他们在大众生活中的角色定位。新闻从业者不应当把大众视为“寻找刺激的看客”（罗森，1996，p. 49），接触新闻只为在政治宏景中娱乐自己；也不应当视民众为“消费者”（梅里特，1998，p. 140），接触新闻只是为了了解政府官员、专家、其他精英人士的思想与行为。新闻从业者应该视大众为广泛参与的负责任的“公民”（查里蒂，1995，p. 12），

005 他们有兴趣且有能力积极地参与民主。这些公共新闻文献中的论述与其他论述一起印证了凯瑞（1987，p. 14）那个广为援引的观点。凯瑞认为，“当他们（公众）成为对话者并被鼓励参与讨论，而不是被动地作为记者与专家之间讨论的看客，民众将开始觉醒”。这个论点隐含的主张是：传统的主流媒体倾向于关注大事件、候选人的策略及自我营销技巧、民意测验的先后顺序，概括来说，充斥着丑闻的报纸版面将大众置于政治事件旁观者的位置。传统主流报纸告知精英阶层协商与行动的努力，最多只能表明民主过程不需要公众本身的积极参与。学界的一些关于公共新闻中公众是否应该融入一种共和或开明的民主框架之内的讨论至今仍有争议。然而倡导者们并未将公众的本质这一毋庸置疑的问题理论化，即新闻从业者应该视大众为民主进程的积极参与者，而不是被动的旁观者。在第二章，我将会讨论这两种可能性，也会提出第三种被认为更为可行的观点，即哈贝马斯（1989）关于“协商公众”[①]的程序主义话语概念。

其次，同样重要的是倡导者们认为新闻从业者

①协商公众(deliberating public)，即协商民主(deliberating democracy)中参与其中的公众。“协商民主”一词由中央编译局陈家刚同志主译的“协商民主译丛”(中央编译出版社2006年)定名。

应该在公共生活中重新寻求自身定位。记者们应该视自己为关心公共生 005 006
活顺畅与否的“政治演出者”（罗森，1996，p. 22）或者“公平的参与者”（梅里特，1998，p. 7），而不是自视为公平无私（或者中立）的观察者，脱离或凌驾于市民及他们特别关切的问题，处于高高在上的特权地位。正如罗森（1996，p. 63）指出的，“如果记者们想在一个社区中发出任何批判的声音或充任挑战性的角色，他们必须以一种与社区成员相同的方式生活。他们报道的魅力不在于他们与大众的距离，而在于他们与报道对象的真情实意及日常操劳之间的联系”。实际上罗森（1996，p. 6）认为记者应该清楚新闻意味着“在政治是服务于所有民众还是成为少数特权阶层的专用乐园这一点上，政治机构名正言顺地掌控一切”。这一观点隐含的论点是，新闻越来越专业化，把它报道的焦点放在精英阶层的观点及活动上，使得新闻工作者远离了普通民众所关注的问题。

具有讽刺意味的是，尽管倡导者们呼吁记者牢记他们是如罗森所谓的“政治演出者”，私下里却依然不辞辛劳地规定记者不应该做什么，而不是规定他们应该做什么，以保持政治上的中立。倡导者们认为，记者应该关注市民协商的过程而不是结果；避免赞同特定的政治家、候选人及政治提案；避免与追求更多特殊政治利益的利益集团为伍。这一点我将在下一章详加论述。与这些及其他的规定不同，我认为在社会不公愈演愈烈的情况下，记者应该关注那些关乎边缘群体利益的公众协商，无论是协商过程还是协商结果；支持能够增进这些利益的政治家、候选

006 人和政治提案；要与寻求更多特殊利益的利益集团共进退。

## 历史渊源

尽管公共新闻是新闻学中一个较新的概念，公共新闻的学术著作也是19世纪90年代才出现，它的基本观点却由来已久。从1920年代记者沃尔特·李普曼与哲学家杜威之间的经典辩论，到19世纪40至50年代的哈钦斯新闻自由委员会的报告，及19世纪90年代关于协商民主的理论和实证著作中，学者们都可以找到公共新闻存在的痕迹。

新闻从业者应该视市民为民主进程的积极参与者，而不是被动的旁观者；新闻从业者本身也应该在公共生活中扮演更加积极的角色。这些公共新闻倡导者们的重要观点可以追溯到那个进步时代，更准确地说，可以追溯到19世纪20年代李普曼与杜威之间关于新闻在民主社会中的角色与责任的辩论。在《公众舆论》和《幻影公众》等书中，李普曼（1922，1925）指出，现代社会大量复杂的政治弊端使得那些在统治者统治之下的积极的公众参与成为泡影。市民们能够参与选举政府官员，而这些官员在信息灵通的专家们辅佐下，通过记者将他们的决议及行动告知民众，仅此而已。据此李普曼指出，新闻的首要责任即将政治家和专家的决议和行动用公众能够接受的语言来最大限度地告知尚不能自治的公众。

在《公众及其问题》一书中，杜威反驳了李普曼的精英（或以专家为主的）民主模式。在书中，杜威呼吁新闻以一个更加主动的角色促进民众更加积极地参与。杜威认为，现代大众传播方式特别是日报，为新闻工作者培育协商型公众提供了空前的机遇。杜威指出，通过提出政治问题，报道政治决议及其影响的联系，支持公众实践其观点等等方式，日报为学科领域的拓展提供了契机。因此，杜威得出这样一个结论：现代的大众传播方式使构建“大社区”成为可能，在这种社区里，公众可以了解更可以积极参与民主管理。对于杜威及公共新闻的倡导者们来说，民主就如格拉瑟和克拉夫特（1998，p. 207）所提出的那样，是“一种生活方式而不仅仅是一种管理模式”（杜威作品对公共新闻的重要性可参见：拜比，1999；科尔曼，1997；佩里，2003）。 006 007

已故哥伦比亚大学教授詹姆斯·凯瑞很大程度上是在重复李普曼与杜威辩论的论点，而他的著作又继而启发了一批公共新闻的学术及实践倡导者，其中包括纽约大学的杰伊·罗森教授及《威奇托鹰报》原主编戴维斯·梅里特。实际上，罗森（1999b，p. 24）已经提出，“世界上最简短的公共新闻的定义便是三个英文单词：‘what Dewey meant’（即‘杜威之意’）”。凯瑞在一系列文章中指出，如果新闻从业者的意图在于促进民主进程中公众更加积极的参与，就必须实现从李普曼式的“告知新闻”到杜威式的“对话新闻”的转向（参见凯瑞，1987，1993，1995）。这些文章被公共新闻文献及报纸编辑广为引用，流传甚广。换言之，记者要视自身为“公众对话”的促进者，而不是“专家信息”的传播者。

007 008 杜威（1927）的公共新闻论点中潜在的民主理想在哈钦斯新闻自由委员会的著作中更为明朗。哈钦斯委员会《一个自由而负责的新闻界》的报告（1947，p. 21－28）总结到，新闻应该：1. 提供对于当日事件真实、正确、理性的叙述，前因后果交代清楚明白；2. 担当交流意见与批评的平台；3. 呈现社会各阶层的真实情况；4. 负起体现及阐明社会目标与价值观的责任；5. 及时充分地提供信息。这些目标随后在《新闻界的四种理论》中被三位哈钦斯委员会的成员概括为新闻界的“社会责任理论”（参见西伯特，彼得森，施拉姆，1956）。这五个目标能够支持公共新闻倡导者们关于记者之于公众责任的论点，而这又为众多专家所认可（参见例如：古纳拉特纳，1998；兰贝思，1998；德利·卡尔皮尼，2005）。除了这些早期的历史性的影响之外，19 世纪 90 年代出版的一些关于协商民主的著作，对于公共新闻倡导者们也影响甚远，特别是詹姆斯·菲什金、丹尼尔·扬克洛维奇、理查德·哈伍德及罗伯特·帕特南的著作。

倡导者们对于公众对话构成要件的理解深受詹姆斯·菲什金和丹尼尔·扬克洛维奇理论著作的影响。在《民主与协商》一书中，菲什金提出了在大规模复杂社区中如何更加直接地参与民主进程的方案。菲什金推崇一种所谓的协商民意调查，与传统民意调查明显不同。协商民意调查中，媒体随机选取一定数量有代表性的市民个体，召集并提供协商机会，使他们可以利用较长时间讨论特定的政治问题。这种协商既可小组进行，又可全体参与。菲什金认为，这种随后在美国国内和其他国家

实践了无数次的协商民意调查才“有可能在大的民族国家里重新构建与 008 009
民主相适应的面对面的社会”（菲什金，1991，P. 92－93）。

菲什金（1991）公众对话中的“对话”概念，侧重于加速市民之间的面对面交流。而与此相对，扬克洛维奇在《论公众评价》中明确提出了公众对话中的协商概念。与仅仅告知大众特定政治问题不同，扬克洛维奇认为记者应该通过指导个体公民来塑造大众，而塑造过程要通过三个阶段的指导来完成：首先，要使民众意识到问题的存在与问题解决的必要性；其次，通过提供选项，说明其竞争的核心价值观，并考察每一选项的效果，以帮助民众了解问题；最后，促成能提供问题解决模式的“公众决策”。唯有如此，公众决策或现实问题的实际解决方案，才可表明“公众在参与实际问题，作全面考量，并认同自身决策所产生的全部后果的高度成熟的公众意见”（扬克洛维奇，1991，p. 6）。

公共新闻的学术及实践倡导者们对于菲什金与扬克洛维奇对于公众对话的观点极为赞同并广泛引用，甚至在同一部著作中引用这两个相悖的观点（参见查里蒂，1995；兰贝思，1998；罗森，1994），而并未说明新闻从业者究竟应该以对话的还是协商的视角看待公众对话。如上文所述，倡导者们也并未说明公众对话这两种形式之间的准确关系。在下一章，我将重提这些重要议题。我认为公众对话最好被理解为面对面对话与大众媒介协商的辩证互动，如此，公众对话才能发展。

最后，同样重要的是哈伍德和罗伯特·帕特南关于协商民主的实证著作很大程度上促进了市民更加积极地参与本社区的公共事务，而这正

009 010 是公共新闻的倡导者们所大力提倡的。在《公民与政治》一书中，哈伍德记录了一项基于美国10个城市的市民参与的焦点小组讨论的研究。研究结果显示，原来风靡一时的推论是不正确的。这个推论认为市民对政治不感兴趣，也不愿积极参与公共生活。与此相对，哈伍德发现市民们感觉自己在公共生活的任何领域都被一个封闭的政治体制排除在外，不敢奢望任何有意义的政治角色。然而，市民确实参与了社区的公共事务，而这种参与仅仅发生在他们自信参与能够带来实质变化的情况下。因此哈伍德得出结论，新闻从业者们应该从两方面作出改变。首先，新闻从业者应该将他们的报道重点从精英阶层的意见和行动转移到市民所关切的问题上。其次，新闻从业者应该帮助市民创建他们自己能够讨论并解决问题的空间。与哈伍德一样，帕特南（1995）在《独自玩耍》中也认为公民参与社区事务的比率长期下降；更普遍的是由于公共事务中的沟通欲望越来越少，市民开始彼此怀疑。活跃的公共生活与公民生活迅速萎靡。为了应对这种局面，帕特南呼吁发展“社会资本”。他将其定义为“诸如关系网、行为规范这样的社会组织的特征，以及能够促进协同合作以谋求共同利益的社会信任”（p. 67）。（关于哈伍德与帕特南的著作对于公共新闻的重要性，可参见例如：查里蒂，1995；罗森，1999a；西里安尼与弗里德兰，2001）

正如上文提出的，公共新闻倡导者们的基本观点均有极深的历史渊源。如此说来，广受非议的1988年总统选举便是萌生公共新闻最直接的发端。这场选举在共和党候选人乔治·布什和民主党候选人迈克尔·

杜卡基斯之间展开。众多观察家认为这次选举的收视率创造了历史新低。报纸的报道全部局限于候选人的品格、竞选策略与技巧，以及支持率的高下。候选人运用过于简单的形象管理手段来吸引选民，例如两个经典的电视广告：布什先生视察生产国旗的工厂以表现其爱国情怀，杜卡基斯先生登上坦克来宣扬其强硬的防卫立场。选举之后，学术和新闻界的观察家们号召选举报道进行深入改革，特别是把报道的焦点从候选人所用的竞选策略和技巧转移到选民真正关心的政策问题上（参见例如：法洛斯，1996；梅里特，1988；罗森，1991）。这些观察家后来大多成为公共新闻的倡导者们。

## 实践表现

我们讨论了很多（并将继续讨论）公共新闻这个新闻学概念，可我们更多地是从它的实践表现来定义它的。公共新闻的学术与实践倡导者们为公共新闻给出了清晰但又十分抽象的概念，即公共新闻是什么和应该是什么。实际上与此相对，新闻编辑们则进行了一系列明显与主流传统新闻不同的实践。在这一部分，我将通过对一些早期及最具影响的公共新闻创新的详细描述，展示公共新闻实践的概况。

作为新闻实践的一个部分，公共新闻在 20 世纪 80 年代后期及 90 年代早期的美国，被认为是产生于主流新闻媒体中的一系列实验。自 1988 年佐治亚州哥伦布市《纪事问讯报》所发起的第一例公共新闻创

011 举开始，在美国国内及境外已有超过600例的开创性活动展开（参见弗里德兰、尼科尔斯，2000；姆旺吉，2001）。关于《纪事问讯报》的第一例行动，随后我将详细介绍。很多电视及广播机构，无论公共还是商业的机构，都有公共新闻的实践（参见丁格斯，2000；波特，库尔皮斯，2000）。尽管如此，绝大多数的开创性活动都是利用报纸开展的。弗里德兰及尼科尔斯（2002）发现，事实上300多家报纸，或美国五分之一的日报，都参与了一项或多项公共新闻创新活动。同样，虽然大多数活动都由报纸单独实施，但超过160项，或四分之一的创新活动，都包含了报纸、电视和广播等多种媒体的参与（弗里德兰、尼科尔斯，2002）。

虽然公共新闻的开创性实践呈现出多种特征，这些活动依然可以被划分为三个大的类别：其一，选举类报道，其二，特别专题报道，以及第三类，使公共新闻成为包括日常信息收集、新闻报道、成果评价的综合实践的努力。在地方和中央选举中，践行公共新闻理念的新闻媒体努力使自己的报道聚焦于选民所关注的问题，而不是竞选者的竞选活动。为了实现这个目标，这些媒体采取了多种措施：通过电话调查、深度访谈、焦点小组讨论等了解选民所关切的问题；详细阐述选民意见以及与候选人关注的问题的差异；向候选人提出选民的问题并公布候选人对这些问题的解答；通过市政会议促进选民与候选人的交流互动；报道选民与候选人交流的结果。

尽管有关选举的创举代表了公共新闻实践最早最直观的开创性活

动，但充其量也只占迄今为止所有开创性活动的 10%（弗里德兰、尼 011 012
科尔斯，2002）。实际上，绝大多数对于特定社区居民关切问题的开创性报道都是采用专题报道的形式。自 20 世纪 90 年代早期开始，践行公共新闻理念的新闻机构参与了类别繁多的短期和长期专题报道，这众多的专题包括诸如种族主义、教育不公、贫困等等的问题。与有关选举的开创性活动一样，新闻机构采取多种信息采集方式了解当地居民所关注的问题；从民众的角度而不是从当地政府官员、专家、精英阶层的视角报道这些问题；为居民提供发表及讨论自己意见的机会；阐述民众自己在实践中对特定问题的解决之道；协助组织圆桌会议、社区论坛、当地民间机构等协商及解决问题的平台。

除此之外，许多新闻机构采取措施，使得公共新闻成为包括日常信息收集、新闻报道和成果评价的综合实践。一些新闻机构重组了它们的编辑部，把传统的新闻采写系统从以特定消息来源为中心，转到基于地域或基于主题的新闻团队，这些团队专注于特定社区或当地居民所关注的问题。而更多的新闻机构则定期与居民见面，讨论民众希望报纸关注哪些问题，并报道这些问题，随后邀请居民评价它们的选题及报道，并将这些作为它们日常新闻实践的组成部分。

在简要描述了公共新闻实践之后，我们讨论一些早期及最具影响力的公共新闻创新活动，应该是较有裨益的。如前所述，第一次公共新闻实践是 1988 年由佐治亚州哥伦布市《纪事问讯报》所发起的。通过对居民进行电话调查以及对居民、当地政府官员和学科专家的深度访谈，

012 013 《纪事问讯报》发表了一个由八部分组成的《展望千禧年后的哥伦布市》的系列稿件。这组稿件审视了哥伦布市所面临的众多挑战，包括糟糕的学校教育、低收入及交通问题。但这组稿件并没有引起公众的注意。时任报纸主编的杰克·斯威夫特（Jack Swift），采取了非常规的措施，组织了一次市政会议来讨论民众关注的这些及其他一些问题。这次会议有 300 名民众出席，会议持续了 6 个小时。此后不久，斯威夫特先生支持成立了一个新的民间组织——“协力跨越千禧年”，以跟踪关注会议讨论的问题。这个组织由包括杰克·斯威夫特本人在内的 13 人组成的指导委员会领导，该组织被分成若干较小的任务小组，来处理特定问题。这些问题包括失业问题、医疗服务及种族关系等（参见例如：查里蒂，1995；罗森，1991；沃德尔，1997）。

如前所述，《纪事问讯报》使得将被协商的问题跳出报纸，走进社区。它的这种努力，成为公共新闻实践的区别于其他新闻的特征之一。众多其他新闻机构在为协商及解决问题提供临时平台方面功不可没，这些平台包括圆桌会议、社区论坛、市政会议，甚至如建立民间组织等等的更加长久性的平台。事实上，与《展望千禧年后的哥伦布市》系列报道一样，一些广受追捧的公共新闻创新活动都出自于相对审慎的报纸系列报道。在第五章我将详细谈到，俄亥俄州《阿克伦烽火报》赢得了普利策奖的跟种族关系有关的“肤色问题”行动，最初就只是单纯定位为审视阿克伦面临的种族问题的系列报道。五期系列报道的第一期并没有引起当地居民的关注，该报决定扩大活动的范围，雇佣了两名员工负责将当地民间组织召集起来以改善种族关系。随后，该报支持创办了一个新的民间组织“一起来行动”，这个组织今天依然存在。它为参与的组织成员、中学生乃至整个城市组织了精彩纷呈的活动。 013 014

《纪事问讯报》鼓励当地居民更积极地参与社区事务的努力，随后得到了詹姆斯·拜腾的称赞，他时任主流的报业连锁集团莱德骑士报业的首席执行官。詹姆斯·拜腾授予杰克·斯威夫特 1989 – 1990 年度“年度最佳主编”称号。尽管如此，《展望千禧年后的哥伦布市》系列报道依然饱受争议。实际上，斯威夫特先生受到包括他的编辑部同仁在内的业界广泛批评。原因是批评者认为其对地方社区事务的立场，特别是在供职于“协力跨越千禧年”指导委员会期间的立场过于激进。其后发生的两例公共新闻的创新活动对于公共新闻实践有着更为持久的影响，包括由堪萨斯州《威奇托鹰报》所发起的 1990 年的“您的一票管用”活动和 1992 年的“人民计划”活动。

在对 1988 年美国总统选举所做的报道被广泛批评后，《威奇托鹰报》决定在 1990 年堪萨斯州地方选举中改变报道方式。它决定从选民的角度报道选举，取代集中报道竞选过程中的日常事件及候选人为赢得选举所做的努力的报道方式。在电话调查的基础上，《鹰报》甄选了 10 个选民喜欢的选题。每一个选题随后都成为周日版一篇文章深入讨论的主题，并且每一个选题都会在“他们的立场”中被图示出来。“他们的立场”为每周特别报道，总结候选人对于所立主题的立场并报道此前一周候选人对特定主题的相关言论（如果有的话）。1992 年，《鹰报》把

014 它的这种新报道方法扩展到了公共生活领域，而不仅仅是有关选举的报道。在进行了多达 200 场深度访谈的基础上，《鹰报》与当地电视台 KSNW – TV 以及电台 KNSS Radio 一起，开展了累积用时长达 10 周的系列报道“人民计划”。“人民计划”聚焦当地居民所关注的各种问题，包括犯罪、教育及医疗服务。每一个问题都是一篇或多篇文章讨论的主题；这些文章中包括当地居民应该如何解决问题的建议，当地民众为解决问题业已做出的努力，以及一份“何处着手”的详细清单，清单包括了当地致力于特定问题的民间组织的名称、地址以及电话（参见例如：查里蒂，1995；梅里特，1998；罗森，1996）。

如前所述，大多数其他新闻机构也像《威奇托鹰报》一样，开展了选举新闻创新及特别报道创新，以促进民众更积极地参与特定问题的讨论。实证研究显示：与主流新闻机构相比，践行公共新闻理念的新闻机构倾向于不仅提供更多如何参加当地以社区为单位的活动的信息，诸如当地民间组织的联系方式，还提供更多与选举有关的综合信息，譬如如何进行选举登记，何处投票等。这一点我将在第三章详细说明。

虽然“人民计划”被认为是一家报纸、一家电视台和一家广播电台的合作，并付诸实践，但这并不是公共新闻理念第一次促成的多媒体合作。自 1991 年开始，由《威斯康星州报》、威斯康星公共电视台、威斯康星公共广播电台领导的集报纸、电视、广播为一体的一个集团，在威斯康星州的麦迪逊开展了一系列创新活动，概称“我们的人民”计划。“我们的人民”计划之所以引人瞩目，不仅因为它是迄今为止多媒体合作中最早的和持续时间最长的公共新闻活动（它今天依然存在），更因为它颠覆了其他公共新闻创新活动中民众与精英阶层的角色。“我们的人民”计划鼓励民众自己对问题提出系统解决方案，而不是鼓励民众参与社区介入却把更广阔层面上的系统解决办法交由专家提出。自20世纪90年代早期开始，活动的合作者们举办了多种多样的所谓公民演习。这其中就包括模拟立法小组，在这个活动中，当地居民代表自己或州议员，尝试提出个人所得税改革和医疗服务体系改革的政治提案，当然也有如何平衡州预算及解决国家财政赤字的提案。这些公民演习在威斯康星公共电视台直播的同时，《威斯康星州报》也在集中报道，威斯康星公共广播电台的脱口秀节目也在集中讨论。这些公民演习往往会引起后续对讨论中的特定问题的更加密集的协商，最多时有多达6次的市政会议（参见例如：弗里德兰，2003；弗里德兰、斯蒂洛维柯、戴利，1998；西里安尼、弗里德兰，2001）。 014 015

尽管这些公民演习颠覆了大多数其他公共新闻创新活动中市民与精英阶层所扮演的角色，它们的最初目标仅仅是教会民众如何努力解决复杂的政治问题。它们的目的不是为正式的政治决策过程提供解决方案，而是帮助民众以一种全面的协商的方式形成公众观点。在第六章，我将谈到一种协商方法名为“共识会议模式”。通过这种模式，新闻机构可以使民众和专家在寻求问题的系统解决过程中有更多的互动和平等的地位，同时在将这些解决方案付诸实施的过程中，使政府官员也参与进来。

015 016 如果说“我们的人民”计划是第一例基于公共新闻理念的多媒体合作的话，那么北卡罗来纳州《夏洛特观察者报》则第一个使公共新闻成为它的新闻实践的有机组成部分。继 1992 年组织的“您的声音，您的一票”广受褒奖之后，该报在 1994 年联合当地的一家电视台 WSOC－TV 和两家当地电台 WBAV－FM 与 WPEG－FM 组织了一个长达 18 个月的特别报道项目，名为“收复我们的家园”。该报在回顾当地犯罪统计数据的基础上，确定了 10 个位于市中心的高犯罪率社区。随后，该报召集了由当地居民和社区领导组成的社区咨询小组来指导它的报道，对每个社区面临的特殊问题及这些问题的成因做了深入报道，组织市政会议使当地居民和社区领导可以自己讨论这些问题（参见例如：查里蒂，1995；弗里德兰，2000；伊格尔斯，1998）。

“收复我们的家园”最重要的结构性成果之一便是编辑部重组，从传统的以体制来源为中心的信息采写系统，转变为基于地域的面向特定社区的多个团队。如前所述，与《夏洛特观察者报》一样，一些新闻机构通过建立基于地域，或更普遍地基于特定主题的编辑团队，使得公共新闻成为其新闻实践的有机组成部分。在这些新闻机构中，报业机构包括南卡罗来纳州哥伦比亚市的《州报》，密苏里州《圣路易斯邮报》，明尼苏达州《圣保罗先锋报》等。而且正如我将在第七章详细讨论的一样，许多非美新闻机构也使公共新闻成为其新闻实践的有机组成部分，如通过建立流动编辑部奔赴不同城市收集当地居民所关注的问题，发表文章并不时组织专版报道这些问题，与当地居民定期沟通收集对报道的反馈意见。

美国及国外的许多新闻机构将市民的关切作为它们信息收集、新闻报道、报道评价等实践的重中之重，然而，鲜有报纸像诺福克市《先锋报》一样走得更远。除了以基于特定主题的团队形式重组它的编辑部以及定期与当地市民小组座谈外，该报还有一个特色：自 1997 年至 2001 年，该报在它的都市版块一周三次安排了三种所谓的民生专版，分别命名为“大众生活”、“公众安全”以及“教育”。这些专版报道围绕着这三个栏目，并包括关于当地政治问题的一篇深度报道。左边栏目介绍当地政府官员为了解决问题业已采取或即将采取的措施，而右边栏目大致描述当地居民为了解决问题自身所能采取的措施，比如列举当地致力于解决所讨论问题的民间组织的网址，以及描述其他城市的居民为解决类似问题所作的努力（参见例如：弗里德兰，2003；西里安尼、弗里德兰，2001；瓦霍沃，2000）。

与《先锋报》一样，一些其他的新闻机构也尝试着改变新闻报道方式。《科罗拉多斯普林斯公报》的行动是最具创造性的活动之一。近年来，该报不再做传统的平衡报道，即在每篇文章中对两个或更多相对的观点进行比较，而是对于特定主题编写多篇报道，每篇报道都从特定核心公众的视角出发编写。这种被前主编史蒂夫·史密斯称作“公民构建”的实验，首先是由《公报》在 1996 年开展。当时《公报》报道了一个即将进行的关于提高当地私立学校财产税的提案投票。与编写一篇主流报道不同，史密斯先生要求两位记者从四个不同核心公众（有小孩

017 在私立学校上学的居民、老师、学生及刚离开校门的毕业生、没有小孩在私立学校上学的居民）的视角去报道同一问题。每一篇文章前面都加注编者按，解释文章是以哪个群体视角而作（参见罗森，1999a）。这些文章均为系列报道，一直持续到投票之前。

尽管迄今为止绝大多数公共新闻的创新活动都在当地进行，但也不乏在全国层面开展公共新闻实践的努力。与大多数地方活动相比，这些创新活动通常在公共广播电台和电视台的引领下进行。实际上，全国公共广播电台（NPR）和公共电视网（PBS）均参与了公共新闻行动。自1994年起，全国公共广播电台和公共电视网独自或与其他机构合作开展了多项有关选举的公共新闻报道。在地方及国家选举期间，这两家机构与当地报纸以及商业电视台和广播电台合作，开展电话调查、深度访谈、焦点小组讨论以收集选民特别关注的问题；举办并播放选民自己讨论那些问题的辩论会；发起选民与候选人的见面会以便候选人解答选民提问（例如参见：查里蒂，1995；丁格斯，2000；西里安尼、弗里德兰，2001）。

## 个人与机构的支持

如果说早期公共新闻的实践者将学术与实践倡导者们的设想付诸实践的话，那么一些机构和个人则如一位著名的社会学家和历史学家所说的那样，使得公共新闻逐渐成为“美国新闻史上最有组织的新闻界内部的社会运动”（舒德森，1999，p. 18）。根据一些学术资料（参见尼科尔斯，2004；罗森，1999a；西里安尼、弗里德兰，2001）及我个人的经验，我将在这里简单论及在公共新闻作为一个新闻改革运动出现及随后发展过程中很多个人及机构所做的贡献。 018

公共新闻作为一个新闻改革运动，其历史可以追溯至1987年时任《莱德骑士报》首席执行官的詹姆斯·巴滕组织的全公司层面的“社区联结”活动。这项活动旨在增进报纸和当地社区之间的联系。如前所述，当了解到杰克·斯威夫特为了促进当地居民更加积极地参与社区事务而开展“展望千禧年后的哥伦布市”行动的努力之后，拜滕先生将其提名为“年度主编”，这表明这些努力在他心目中是具有代表性的。实际上，许多公共新闻的早期实践者都曾是而且依然从属于莱德骑士报业集团，包括《阿克伦灯塔报》、《夏洛特观察者报》、南卡罗莱纳州的《州报》以及《威奇托鹰报》。

在因他的努力受到褒奖的同时，杰克·斯威夫特与致力于促进美国国内及国外民主的非盈利性基金会——凯特琳基金会建立了联系，而后者又使他认识了纽约大学的罗森教授。在公共新闻作为一项新闻改革运动的发展过程中，罗森教授及凯特琳基金会均扮演了十分重要的角色。罗森本人的著作对早期的改革运动产生了影响，他的著作在公共新闻理念的践行者中曾经并将继续流传。除此之外，通过一个致力于发展新闻事业的非盈利性基金会——约翰S. 与詹姆斯L. 奈特基金会的资助，罗森促成了纽约大学“公共生活与新闻计划”的建立。公共生活与新闻

018 019 计划由罗森和一位《威奇托鹰报》前任记者丽萨·奥斯汀领导，自1993年至1997年实施。该计划梳理了公共新闻的早期实验，并在美国新闻学会组织了四届年度研讨会。美国新闻学会是一个新闻培训与研究机构，许多著名的新闻界学者及记者包括后来的詹姆斯·凯瑞和戴维斯·梅里特，都在此讨论过民主进程中新闻如何促使民众更加积极地参与。同样，自20世纪90年代初开始，凯特琳基金会也通过出版公共新闻先驱的著作、奖励新闻工作者、培训对这场运动感兴趣的全球记者等措施支持公共新闻发展。

1993年，皮尤公民新闻中心加盟公共生活与新闻计划。这个中心由一个致力于促进美国公共生活的主要非盈利性组织——皮尤信托慈善基金提供资助。作为全国著名的哥伦比亚广播公司（CBS）前任制片人和该中心的首任主席埃德·福希和来自《费城问询报》的普利策奖获得者让·谢弗启动了长达10年的行动计划，后者在1998年埃德·福希卸任后继任主席；而皮尤公民新闻中心也成为公共新闻运动最重要的体制驱动。自1993年至2003年，皮尤公民新闻中心通过多种方式支持新闻改革运动，包括为有志于进一步了解公共新闻的编辑和记者组织大量的研讨会，资助120余项公共新闻实验，利用詹姆斯·拜腾优秀公共新闻奖认证和推介了那些试验中最具创新性的实验，大量组织出版并积极付诸努力，特别是通过它的季刊《公民催化剂通讯》及众多关于公共新闻理论与实践的出版物，开展公共新闻实践的实证研究，保留了大量上交给它以寻求认证或建议的公共新闻实验的档案文件（现藏于威斯康

星州历史学会）。 019 020

除此之外，皮尤公民新闻中心通过与商业电视台及广播电台合作，完善了“公共生活与新闻计划”，包括通过资助报纸、电视、广播电台之间的多媒体合作，在全国公共广播电台和公共电视网为新闻编辑、制片、记者提供接触机会并举行研讨会。最后，同等重要的是，皮尤公民新闻中心也是新闻与大众传播教育协会的公民新闻兴趣小组（2006 年更名为公民与公民新闻兴趣小组）的早期支持者之一。创建于 1994 年的这个兴趣小组，现在仍然是新闻界的学者、教育家、新闻从业者讨论公共新闻的理论、实践及教育的最重要的平台之一。

由于皮尤公民新闻中心于 2003 年关闭，它的许多工作被公共新闻网络所接替。公共新闻网络是一个由致力于公共新闻事业的新闻学者、教育家、新闻从业者组成的全球性专业机构。由佐治亚肯尼索州立大学公共新闻讲座教授伦纳德·威特领导、公共新闻网络与公民与公民新闻兴趣小组共同举办了花样繁多的研讨会，编辑出版了公共新闻理论与实践著作，公共新闻网络成为公共新闻教育中课程及体制创新的分享平台，建有一个持续更新的有关全球范围内公共新闻创新活动的博客。

## 本书的结构

在讨论了公共新闻的基本观点和它们的历史渊源，描述了公共新闻的实践表现，以及一些在公共新闻作为一场新闻改革运动成型及随后发

020 021 展过程中做出贡献的个人和机构之后，简要列举随后各章的结构与论点是不无益处的。在第二章，我将通过解决三个基本问题来提出一个公共新闻的指导性“公共哲学”。首先，记者应该如何定位公众；其次，记者应该促成哪种公众协商与问题解决的形式；其三，在实践层面上记者如何促进公众对话。在考察了哈贝马斯（1989）的公共领域理论及弗雷泽（1990）对其的批判以及多种公共新闻学者的著作之后，除其他众多问题之外，我认为记者应该视市民为参与共同协商的组成部分，记者应该在消弭主流与非主流社会群体之间的不平等这个大目标下促进公众协商及问题解决，记者应该促成一种能够使面对面对话与大众媒介协商形成合力的公众对话形式。

通过对这种关于公共新闻的“公共性”如何体现的宽泛的理论探讨，在第三章我梳理了公共新闻的实证研究文献。我着眼于三个最为瞩目的研究问题，即主流记者对公共新闻的态度，践行公共新闻理念的新闻机构与主流新闻机构在新闻报道上的差异，基于公共新闻理念的报道对市民的影响。我认为主流记者对很多（但并非全部）与公共新闻有关的新闻实践抱有好感；基于公共新闻理念的新闻报道与传统主流的新闻报道在很多重要方面存在差异；这种新闻报道对市民的公民知识、态度、行为有积极影响。我也讨论了所回顾的一些方法论的缺陷，特别是与概念化、测量方法、解释说明等有关的问题，并就未来试验中如何扩大实质性的调查范围提供了建议。特别是我总结了实证研究文献中的主要分歧，以及在我提出的公共哲学之下公共新闻实践如何与民主理想靠

拢的更多具体问题。 021

在第四章，我采用我本人提出的公共哲学和公共新闻的实证研究文献，以及其他相关材料，总结、分析并回应了新闻学者与新闻从业人员针对公共新闻的一些最重要的批判观点。在众多其他问题中，我认为批评家们批判公共新闻倡导者们忽视了商业媒体对于公共新闻的潜在限制是有道理的，但是尽管管理层的兴趣在于迎合市民中最引人注目的群体，但践行公共新闻理念的新闻机构已经能够促进大范围的民众参与民主的进程。

在对公共新闻的理论、实践以及批判进行了宽泛的讨论之后，在第五章我进一步探讨了新闻机构如何在公共新闻行动中赋予市民及精英阶层参与者角色的问题。在一个广受好评且运行时间最长的详细的公共新闻行动个案研究——《阿克伦烽火报》为赢得普利策奖而开展的“肤色问题”行动中，我认为除其他问题之外，《烽火报》因为培育了两个独立的论点阵营而没有促成一个真正的市民与精英协商的公共阵营的建立。尽管《烽火报》通过叙述个人轶事，引用了市民遭遇种族问题的具体经历，但在各种各样与种族问题有关的社会不平等现象的成因及后果问题上，却引用精英阶层的比较抽象的反馈。总体来说，我认为我提出的公共哲学可以作为一个基准框架，用这个框架去认证特定的公共新闻活动存在的问题，概述这些活动如何修正并加以改良。

在第六章，通过介绍一种被广为采用的名为“共识会议模式”的协商方式，我继续探讨新闻机构如何促使市民与精英阶层之间更好地协

022 商。我认为共识会议模式对于促进市民与专家联手探索问题的广泛而系统的解决方案，同时使政府官员在解决问题的实践中参与进来是特别适用的。

在第七章，我转而讨论了公共新闻中相对而言较少为人关注的一个方面，即美国国外的公共新闻实践。在大体介绍了公共新闻在非洲（马拉维、塞内加尔、斯威士兰）、亚洲及太平洋地区（澳大利亚、日本、新西兰）、欧洲（芬兰、瑞典）以及南美洲（阿根廷、哥伦比亚、墨西哥）的实践之后，我详细研究了丹麦的公共新闻实验。丹麦公共新闻的创新活动特别有趣，不仅是因为它们与美国的公共新闻实践大不相同，而且更有意义的是因为它们发展了我所提出的公共哲学的重要方面。特别是我认为与美国新闻机构相比，丹麦新闻机构首先对于特定问题提出了它们自己的解决方案并与其他相关参与者讨论这些解决方案；其次，它们一直致力于关注市民阶层中边缘群体关切的问题；其三，它们鼓励市民独立提出问题的解决方案而专家仅仅作为市民的顾问。我认为，丹麦新闻机构的这种更加激进的新闻立场可以归因于丹麦新闻工作者的一种更加激进的职业化的自我认识，这种激进主义，尤其是媒体赋予公民而非专家更为重要的角色，概括来说也可以被视为丹麦新闻媒介更具平民主义性质的一个佐证。

在第八章我对全书做了总结。本章总结公共新闻的最新实践，以及讨论一些用于市民报道新闻、协商、解决问题的新型平台能否继续推进民主理想的实现，这种理想已经促使公共新闻运动发展得如此深远。同

时，根据我本人更加激进的观点，这种平台也 022 023
应该能够丰富未来的公共新闻实践。首先我认为，尽管公共新闻运动仍然在不断吸引新的热情高涨的新闻从业者，新闻机构在培育“有关”新闻的公众批判阶层也在频出重招，而现阶段新闻机构在促进新闻工作者与受众之间的互动方面比促进市民间的交流和市民与政府官员之间的交流方面做得更多。简言之，在当初促使公共新闻运动产生的两个代沟——即新闻机构与他们的受众之间的代沟和市民与政府之间的代沟——之中，新闻机构更加卖力于弥合前者而不是后者。并且我认为，当依靠互联网这样的传播媒介发出的市民声音（包括市民建立的博客和超社区网站）与公共新闻运动的民主理想和实际成就背道而驰的时候，全球化的独立媒介中心[②]这个由市民自己组织的网络，提供了一种新闻真正公共化的最佳路径。

②译者注：Indymedia，即 the Independent Media Center，略作 IMC。为一全球性的开放式媒体平台。

# 第二章 公共新闻之公共哲学

正如我们在前一章中所讨论过的，公共新闻的学术与实践的倡导者们对公共新闻之于一个民主社会的角色和责任提出了广泛的争议。如同某些学者所说的，公共新闻仍然缺乏一套指导性的“公共哲学”（即一套明确的基本原则）用于阐释公共新闻的“公共性”之所在及其原因（安德森、达尔代纳、凯伦伯格，1997；格拉瑟，2000；格拉瑟、克拉夫特，1998）。我认为所谓的指导性的“公共哲学”就是对记者

025 026 应该怎样看待公众、鼓励何种形式的公众协商和应对措施以及如何在实践中影响公共话语等问题的理论性阐释。正如同格拉瑟和克拉夫特所指出的（1998），尽管缺乏这样一套公共哲学的原因，但很多公共新闻都可以进入编辑室（一直以来，从业者对它进行了模糊的、相互矛盾的、有时甚至是自圆其说的解释，关于这一点我将在第四章作进一步讨论），这既是一个哲学问题又是一个战略上的缺陷。的确，如果缺乏一套公共哲学，公共新闻的倡导者们就很难准确地评论当前新闻实践，正当地维护他们为改进这些实践而产生的想法，提出并证明新的大胆的设想，解决阻碍践行这些实践的潜在障碍，尤其是避免被纯粹的商业利益所笼络。举一个最简单的例子来说，恰如理查兹（2000，p. 178）所指出的，“如果没有一套指导性的公共哲学，公共新闻反应公民意志的责任可能更多地被管理者用于解释一直以来由报纸发行部门所做的狭隘的市场研究，从而走上完全商业化的道路。”更加明确地说，从理想化的角度讲，一套合理的公共哲学应该引导某些公共新闻的具体目标的制定和通过，反过来又刺激某些特定的新闻实践和有效评估手段的发展。

在本章，通过借鉴哈贝马斯（1989）关于公共领域的理论和弗雷泽（1990）的批评理论，并广泛参阅多个公共新闻方面学者的著作，我探讨了这样一套对公共新闻具有引导性的公共哲学。尽管许多学者认为哈贝马斯和弗雷泽的著作和公共新闻有关（参见拜比，1999；康普顿，2000；格拉瑟，1999；格拉瑟、克拉夫特，1998；兰贝思，1998），更有甚者甚至力推哈贝马斯为公共新闻的哲学圣人（兰贝思，1998，

p. 21），然而没有任何人详细阐述他们的观点是如何影响公共新闻的理 026 027
论和实践的。在提出这套公共哲学的过程中，我和对公共新闻所倡导的精神持有相同观念的学者们展开了重要而持续的辩论，就一些理论化程度不足的问题展开讨论，并提出若干迄今为止还没有涉及的议题。

我从记者应该怎样看待公众入手，在发现了社群主义和自由主义对公众观点在概念上和实践上的问题后，我认为哈贝马斯的“协商公众”致力于“共同协商”的观念对公共新闻十分适用。接下来我又对若干相关议题进行研究，尤其是谁最有权决定公众协商的内容，以及记者应该以对话的方式或协商的方式看待公共话语。接着，我探讨了推动公众协商的实际目标和哪种制度能够最好地确保这些目标付诸实践。在此，我放弃了哈贝马斯的单个的、一体化的公共领域理想，即一个公民把社会不公看成追求常见问题的普遍一致的解决办法的领域，赞同弗雷泽对一个包含多种话语领域的公共领域理想，即一个公民把社会不公看作表达他们的担忧和强调相互之间利益冲突手段的领域。然后，我提出了一个解决问题的模式，阐释了普通公民、专家、政府和记者在制定和实施解决方案时所扮演的不同角色。最后，我总结了自己提出的公共哲学理论，并且勾画出了该理论对接下来的几个章节探讨议题的指导作用。

## 协商公众

首要的和最基本的任务是考虑记者应该如何看待公众。正如前面所

027 说，尽管公共新闻的学术与实践的倡导者们除了论证记者应该把公民看作民主进程的积极的参与者而非被动的旁观者外，对公众的本质还没有作出足够的理论阐释，随后产生了一些关于公共新闻对大众的理解是应该融入社群主义民主框架还是自由主义的民主框架的辩论。简言之，一些学者认为对公众的理解应该融入社群主义的民主框架，这就是说公众代表对“公共利益”持大体相同看法的公民联合体（克里斯蒂安斯，1997，1999；科尔曼，2000a；海基拉、库内柳斯，1996）。还有的学者认为对公众的理解应该融入自由主义的民主框架中，这就意味着公众只不过代表拥有特定国家的“共同身份”的公民集合体（巴内，1996，1997；霍奇斯，1997；梅里尔，1997，2000）。

例如，克里斯蒂安斯（1999，p. 67）认为“公共新闻的未来是建立在公共利益信念基础之上的”。他把社区构建看作公共新闻的首要使命（p. 71），同时把新闻和其他形式的政治言论作为社区构建的动因。克里斯蒂安斯（1997，p. 21）甚至认为社群主义公共新闻方法的焦点不应该是“共有价值观本身，而是普世价值观——公共利益不能和共有利益混为一谈，然而二者就最广泛的普世意义而言是一致的。”同样，海基拉和库内柳斯（1996，p. 86）认为“如果公共新闻想要成功地跨越文化的多样性——不同的生活方式和世界观——它必须阐释公共行为的方方面面，而这些公共行为不能局限于各个不同选区的受众。”

相反，巴内（1997，p. 72）认为公共新闻应该宣传“个人主义——个人在社会的压力下坚持自我决定权的个人意愿和能力”。他批评了社群

主义公共新闻方法是“违背事实而忠于群体，付出个人道德发展的代价 027 028
去追求一致性”（1996，p. 140）。同样的，梅里尔（1997，p. 56）主张，“个体先于社会，而非倒过来；个体完善才是目标；随着个体的完善，社会最终也会改善。”事实上，梅里尔对他所认为的公共新闻的社群主义观点提出批判，批评了以“一个更加集体化、定位明确、具有协作精神的理论去取代自由主义，以消除社会摩擦并在地球上建立一个公有社会天堂的错误愿望”（p. 56）。

然而，问题是社群主义和自由主义都没有提供一个既民主又可行的公众构想。社群主义对公众的理解低估了地方公众内部或外部共同利益冲突存在的限度，因而对公众观点的认定太强烈以至于没有为公众通过谈判来解决公众彼此的利益冲突留出空间；自由主义对公众的看法缺少一种坚定的相互协作的精神和共同目标，公民需要加强参与和协同解决问题。因此，就新闻工作者工作实践而言，这两种公众构想的问题是，社群主义对公众的理解要求新闻工作者牺牲编辑和报道自主权去迎合主流社会价值观，以追求社会一致，但是自由主义从中立的信息经纪人的角度解释记者的责任，其唯一目标充其量就是保护公民的个人权益不受政府干扰。

鉴于这些理论和实践的问题，我建议公共新闻应该融入哈贝马斯（1989）的程序主义话语的“协商公众”理念。哈贝马斯既不认为公民对“共同利益”持有总体相同的观点（社群主义的观点），也否认公民仅仅是一个特定国家的“普通成员”（自由主义的观点），而是认为公

028 029 民对公众协商承担共同的义务。实际上这是一种合理的设想。在迄今为止美国的600多个公共新闻的创新活动中，其一半以上（58%）都在某种形式上起到了由新闻媒体发起的公众协商的作用（弗里德兰、尼科尔，2002）。正如我在下一章将更为详细描述的一样，实证研究表明，公民认为发起此类协商应该是新闻实践的重要方面。哈贝马斯认为，当公民自己的观点和拥护这些观点的根本理由能够经得起他人合理的批判性评价，同时能够对他人的观点和拥护这些观点的根本理由进行合理的批判性评价的时候，真正的公众就形成了。更加正式的合理的批判性评价，正如哈贝马斯（1990）所称的“扮演理想的角色”或者“进行换位思考”（哈贝马斯，1993），要求公民同样重视他人的观点，而不应该把自己的观点看成不容置疑的标准。

哈贝马斯（1989）针对共同协商提出的公众协商理念意味着记者应给所有公民创造和维持一个开放、自由的公共领域。在此，所有涉及公民的事务和想法都可以得到明确表达、商议以及批判。事实上，它表示记者应支持安德森（1997，第98页）等人所谓的“论坛”和一个“所有公民可涉足并进行公众对话的地方。”论坛的目的是提供一个平台，让公民可以倾听彼此的心声，而且在其他场合不能或者不会被探讨的见解也会被提出、探讨、评价并付诸实践（p. 98）。让记者创造和维持像这样的公共领域（或者论坛），并不预示着正如一些专家学者所宣称的“被动公众”（见科尔曼，1997，2000a；格兰姆斯，1999）。相反，它意味着没有足够的机会供公民作为一个活跃的协商公众一起展开

讨论。这个公共领域并不是以协商公众为前提，而是认为记者可以帮助 029 030
促成这样一个公众的形成。正如凯瑞（1997，p. 12）指出的，“新闻应该被看作是表现公众和帮助公众塑造并找到自己身份的工具”。这就意味着新闻应帮助维护公共空间和公共生活；新闻必须设法促进公众交流，提高对话质量，而且这一切也应有利于公共空间的发展和维持（p. 12－13）。

为了给公民提供进行合理批判性评价的机会，记者不仅需要在他们的报告中吸纳广泛而多样的民声，而且同样重要的是，突显公民拥护某些意见的根本原因。实际上，如果没有充分理解别人的推理过程，公民就不能合理评价各种观念的相对优点。更概括地说，记者需要把公民观点看作对公众协商不断演化（且不断变化的）过程的贡献，而不是为挫败他人而进行的具有竞争性的输入（例如，自由主义的市场观念），或者相反，把它看作构建更高共识的砝码（例如，社群主义共同利益）。正如安德森、达尔代纳与凯伦伯格（1994，p. 53）所指出的，记者应当把公民的意见看成是“组成公共话语的自由选择信息，这些信息可以很敏锐，可以较缓和，甚至大大改变，当然也可以随后被更多的人探讨。”

此外，为了确保公众协商过程真正公开、公平，记者需要揭露和谴责那些企图阻止公民平等参与的观念。有些学者因此认为，当一个群体（或整个群体）支持非自由主义，即使不是反民主主义的价值观时，程序主义者采取的公众协商方法也不能明确表明记者的职责。那么如果社

030 031 会舆论号召焚书，记者又应该做什么呢？（格拉瑟，1999，p. 9）当多数投票产生一个有种族主义倾向的市长的时候，他们又应该怎样做出正确的回应呢？同样，舒德森（1999，p. 131）也提出质疑："如果种族隔离一直以来就是历代的传统，那么它就合理吗？"或者"当反鸡奸法表达了社会主导价值观时，它就是可以接受的吗？"我认为那些像哈贝马斯一样的程序主义者确实能对这些情况作出回应。按照程序主义者所说的所有的公民享有平等机会参与公众协商，记者就应该披露和谴责旨在排斥其他人看法的观点。例如，记者可能会被要求揭露那些带有明确种族主义、古典主义和性别主义的言论，即使他们明显代表了占主导地位的社会价值观。谴责的根据就是种族主义、古典主义观念、还有其他形式的歧视阻碍了人们积极参与公众协商。

协商公众理念帮助记者明白，他们应该倾听（和不倾听）谁的声音，以及为什么这么做，以避免因为迎合公众而受到指责。记者不应该让自己的报道建立在偏信某一群体（和价值观）的基础上，无论以地方性的还是象征性的方式；而应该认真倾听公众的意见，并提供一个平台让公民彼此倾听对方的意见，并且对不同的价值观和利益要求作出评价。事实上，从民主的角度讲，把报道建立在某个群体（或某个群体价值观）上的协商公众理念本身也是不可行的。这样做只能阻碍而不是促进公正立场的形成，从而不利于公民以合理的批判方式对相互冲突的利益进行有反省意识的评价和比较。

最后，但同样重要的一点是要避免让自己凌驾于协商公众之上或脱

离协商公众，记者应该帮助培育学者们所称的对新闻业“具有批判性的 031
公共领域”（格拉瑟、鲍尔斯，1999；格拉瑟、克拉夫特，1998）。也就是说，记者应该披露引导他们报道的设想和愿望，经常给公民提供机会对新闻报道进行批评和评价，并且对公民的批评和评价给予公开的回复。由于公民很少受邀评价新闻工作，这样一个针对公共新闻的公共领域的发展显得尤其重要。实际上，通过迄今对新闻传媒工作的文章来源方式最全面的研究，毕晓普（2001）发现，公民只占据6%的引用率。那些引用率最高的是以前及现在的记者（占40%），新闻机构代表（占13%），新闻教育工作者（占11%）。

总而言之，协商公众理念要求记者推动真正公开的而非基于某个群体的新闻工作方法。后者把新闻报道建立在某一个特定群体的话题、观点和价值观的基础上，以表现某个特殊的群体特征——这个推测本身就存在问题。相反，公开的新闻工作方法，应该从与所有公民对话开始，而非事先假定存在某些自然的、局部的、超越的共识。事实上，如果这个群体观念对公共新闻有用的话，它也是在“一个靠共同思考而存在的群体”的意义上说的。(康普顿，2000，p. 459)

## 设定新闻媒体的议程

如果记者要促进协商公众的形成，谁最有权决定公众应研讨什么——是记者还是公民？这一问题决定了新闻媒体的议程。尽管听起来

031 032 有一点不可思议，一直以来公共新闻的学术与实践的倡导者们并没有注意到这个问题。实际上，在唯一一个关于该议题的明确的但仍然极其含糊的陈述中，罗森仅仅指出，“记者应该让公民参与新闻议程的制定。”

然而，关于这个话题，后来又产生了一些学术性和新闻业的争论。利希腾贝格（1999，第347页）这样总结这次辩论，尽管有人认为，如果记者“允许公众参与制定新闻议程，他们将会丧失自己的独立自主性，同样也是他们的角色至关重要的一部分，从领导者变成追随者，并任由别人篡夺自主权。（事实上其他人认为）记者表现得太积极了，他们应该让其他人来制定新闻议程，而不应该把这项任务看作自己的职责。”

举个例子来说，格拉瑟（2000，p. 684）认为，“通过否认新闻制定自己议程的权利，无论如何定义公共新闻，它就是以公众的判断代替了记者的判断；它把公众价值观和美好的价值观混为一谈了，尽管前者常常意味着后者。结果，公共新闻剥夺了新闻的机会使其不能清楚而有力地阐述自己的政见，维护公共新闻的价值观，解释这些价值观如何产生共鸣和分歧，以及如何理解显性的和隐性的社会价值观——以致削弱了新闻责任的重要性（p. 685）。格拉瑟得出这样的结论，“如果缺乏一个完全明确的新闻议程，记者和大众同样都不能获得他们最需要从新闻中获得的东西：这一点清楚地解释了为什么一些问题比其他问题受到更多的关注，而相比之下，另外一些问题却根本不受关注”（p. 685）。

相反，舒德森（1999，p. 122）认为“公共新闻不会在民主制度上提出第四种模式，一种新闻权力既不属于市场也不属于某个政党、记者而是属于公众的新闻模式。”舒德森把公共新闻描述为在进步时代的谨慎的甚至是保守的改革运动，他认为“公共新闻大肆谈论大众，而把注意力集中在一个专业群体（记者群体）并不质疑该群体的权威性”(p. 119)。为了让公众拥有比记者更大的制定议程的权力，舒德森提出了许多合乎规格的媒体责任体制，包括公民媒体审查委员会、国家新闻委员会，甚至公开选举出版人和编辑。 032 033

同样，对于应由谁来决定新闻议程这个问题，我的回答相对而言是很明确的：正如前面所讨论过的，如果记者要创造并维持一个所有公民有权参与的公共领域，让所有公民关心的话题都能得以清楚地阐释、协商、批判，记者就必须让公民作为积极的合作者加入到新闻制作中来，这一点也正是伊格尔斯（1998，p. 149）所指出的。实际上，记者在实际工作中正是这样做的。正如前一章所述，从事公共新闻的新闻机构运用了各种各样非正式手段让公民参与新闻议程的制定过程，例如通过进行深入采访、焦点小组讨论、在提出既定选举活动和专门报道计划前进行圆桌会议、定期召开会议和公民展开讨论，以了解他们对日常新闻报道所涉及议题的期望。然而，问题在于只有少数新闻机构开始采取更为正式的方式让公民参与新闻议程的制定过程，尤其是对传统的某些机构的信息源采编体系加以改革，重构自己的编辑部，以允许多个群体共同关注涉及公民的特定议题。实际上墨西哥报业集团就曾不断地努力让公民参与到新闻计划的制订和执行过程中来。正如在第七章所详述的，墨西

033 034 哥报业集团发展了一个所谓的编辑部委员会综合网络体系，它给公民提供了一个机会让他们可以和记者正式讨论公民希望了解何种议题、应该如何报道这些议题以及如何评价报道是否充分地反映了他们所关心的事。

虽然我完全同意舒德森（1999）提出的采用更加正式的手段让公民参与议程设定过程的号召，我也同意格拉瑟（2000）的观点，即无论他们是否让公民参与到决策制定过程中，记者应该进一步明确新闻议程的最终确定是基于何种特定的价值观。实际上，如果没有一个独立于那些特定群体（和社区价值观）的明晰的、站得住脚的政治议程（格拉瑟，2000，p. 685），记者就会觉得很难保持一个面对这些群体的批判性的编辑和报道立场，避免因为唯恐触及某些社会部门而掩盖社会冲突，以至于不得不屈服于占主导地位的社会价值观。同样重要的是，如果没有这样一个政治议程，记者们就不能促成批判的公众的形成，以便让公民能够按照清晰明确的新工作价值观来公开批判新闻报道，并且让记者参照这些价值观公开回应公民的批评。换句话说，否认他们作为管家的必要性——选择新闻报道的议题、采纳哪些人见解，等等——只能让记者们忽视来自公民的批判并被排斥在民主进程的门外。

## 对话和协商之间的公共话语

不同于由谁来制定新闻议程这个问题，协商公众的概念本身并不意味着对什么是真正的公共话语这一问题的回答。简言之，难道只有当公

民群体就某个特定议题进行面对面的“对话”的时候，协商公众才能 034
形成吗？或者换句话说，当大众传媒的政治报道鼓励个体公民就特定议题进行（在批判性反思的意义上）“协商”的时候，即便这样的协商与实际上的社会交流不符或者最后不会导致和其他人实际上的社会交流，协商公众同样能形成吗？

继汤普森（1995）之后，格拉瑟与克拉夫特（1998）也指出“对话”和“协商”的观点意味着多种不同的民主模式，并让记者们面对不同的角色：“在一个直接和广泛的民主制度下，媒体面临的挑战在于记者不仅有责任反映地方群体和他们的言论，而且还要在地方言论持续融入和影响更多广泛的言论时，保持他们的同一性和完整性”（p. 212－213）。相反，协商民主对记者提出了不同的挑战：“尽管协商在形式上不要求记者们接纳公民的自由言论，但是它要求记者以一种可以激发每个公民慎重思考的方式写新闻。至少，这种方式能够不仅要报道事件，而且还要对问题的争端做出深度的挖掘和分析，然后不避发言者的社会地位和身份之嫌，发起广泛的辩论并听取他们的意见”（p. 213）。

正如前章所述，如果我们仔细研究公共新闻的文献，我们很容易发现，拥护者并不清楚记者是应该按照对话的还是协商的方式看待公共话语，这两种公共话语的合理关系又是什么。一方面，公民似乎支持对话形式的公共话语，尤其是通过号召记者支持菲什金（1991）所说的“协商民意测验”，即公民组成团队针对某些特定议题展开长期的面对面的对话。另一个方面，拥护者似乎也赞同协商形式的公共话语，尤其

034 035 是通过号召记者宣传扬克洛维奇（1991）的“公共判断”理念；也就是要激发公民从个人的角度就某些话题进行批判性的反思。

与格拉瑟和克拉夫特（1998）似乎想要暗示的相反，我不认为记者需要在以对话或协商的方式看待公共话语两者之间作出选择。实际上，我认为，它们两者明确的辨证关系极大地推动了协商公众理念的发展。虽然大众传媒协商过程可以让许多公民了解到其他公民的观点（和推理过程），面对面的对话却给公民群体提供了机会，让他们更仔细地评价他人的观点（和推理过程）的相对优点。反过来，在这种面对面的交流中形成的评价也反作用于大众传媒的协商过程，让更多公民从中受益。

公共新闻的实践表明，面对面交流和大众传媒的协商是构成公共话语的相辅相成的重要方面，它们形成一个连续的循环。简言之，从事公共新闻业的新闻机构常常在公民之间发起各种对话活动，包括旨在让更多公民受益的交流活动，随后对那些受其报道启发而在公民之间展开的交流活动做进一步报道。实际上，有证据表明，新闻机构正是按照格拉瑟和克拉夫特（1998，p. 213）对真正的对话和协商所规定的要求开展工作的。尽管为了维护公民对话的“一致性和完整性，新闻机构通常在它们的新闻报道过程中保留辩论的来龙去脉，而非仅仅以自己的语言总结他们辩论的结果，新闻机构也倾向于展现问题的争端而不仅仅是事件本身，然后不避发言者的社会地位和身份之嫌，发起广泛的辩论并听取他们的意见。”正如我将在下一章节更加详细阐述的，概括地讲，大多数公共新闻活动不仅以人民关心的问题为焦点，而非像对待政治选举和其他有新闻价值的事件那样（参见第一章），而且这些新闻活动还比主流新闻更多地依赖普通公民，包括将妇人和少数民族作为信息来源。 035 036

## 公众协商的目标

到目前为止，我已表明这样一个观点，记者应该通过创造和维护一个所有公民都可以参与并就涉及公民的所有话题和所有观点进行表述、协商和批评的公共领域，以促成成熟公众的形成。为了促进这样一个公共领域的形成，记者应该让公众参与新闻议程的设置，并推动一种结合面对面对话和大众传媒的协商优点的公共话语。关于公众协商的现实目标是什么，哪种制度安排能更好地在实践中推动这一目标的实现等问题，我完全赞同弗雷泽（1990）对哈贝马斯（1989）所做的重要评论。

对哈贝马斯（1989）而言，只有当公民抛开社会不平等，就仿佛他们享有同等社会地位一样展开互动，真正的公众协商才可能产生。哈贝马斯认为只有撇开社会不平等，公民才能对共同关心的问题进行协商。弗雷泽（1990）对此观点以及集中协商涉及所有公民的议题这一目标提出争议，理由是这里所提的撇开社会不平等总是抹杀少数群体的利益，赋予那些占支配地位的社会群体一些受支配地位社会群体所没有的特权。因而，弗雷泽认为公民应该明确地表达（或者“清晰地概括”）自己的观点而不必撇开（或者“忽视”）社会不平等。

036 037 弗雷泽（1990）关于应该充分考虑社会不平等的观点让公共新闻工作者开始关注一个公共新闻先贤所忽视的问题：如果社会不平等广泛存在的话，记者应该推动或宣传什么样的公众协商呢？

社会不平等问题之所以理论化程度不足，很大程度上是由于倡导者们潜在的社群主义设想：认为社区代表一个受共同价值观和利益约束的统一场所。由于居住在某一特定的地理区域，公民因而被假定为必然面对共同的问题，对公共利益持有共同的观点并且这一点使得他们对那些共同的问题能够达成一致的解决方案。例如，梅里特（1998，p. VIII）就用“共同问题”和“共同目标”等术语描述公共生活。同样地，罗森（1997，p. 20）把个人作为公民的定位等同于把公民看作“有共同利益的公民整体”。这种社群主义的观念导致倡导者们认为只要公民能够互相理解和尊重，他们就能够对共同的问题达成一致的解决途径。例如查理蒂（1996，p. 11）认为如果谈话的一方彬彬有礼，那么另外一方也会做到彬彬有礼；他们会集中精力寻找解决方案而不会相互抱怨。

然而，这种关于社会和公众协商的观念是有问题的，因为它忽视了一个事实，即就连最小的群体都趋于分裂成多个社会群体，形成弗雷泽（1990，p. 66）所说的“支配和被支配的关系”，尤其是各个群体会根据种族、阶层和性别进行组合或分裂。实际上，社会不平等会妨碍关于公共利益的一致观念的形成。意见一致也许不是最现实和最合适的目标。正如哈克特和赵（1998，p. 205；参见康普顿，2003；霍利，2003；保利，1999）所指出的：“由于（它们）忽略了利益和立场冲突的限

度，公共新闻主张高估了社会一致的可能性。如果表面上的一致意味着 037 038
认可一个不公平的现状或妨碍进一步辩论，这个一致本身也是不合乎要求的。”

我不仅不会鼓励公众协商旨在找到一致赞成的方法来解决自以为所有公民普遍关注的事，相反，我会鼓励记者遵循弗雷泽（1990）的领导，帮助公民反思他们不同的，也可能是相互冲突的问题，同时，把显著的社会不平等作为公众协商的主题（或者焦点）。除了给公民们提供机会去反思彼此支持某些观点的内在原因外，记者也应该给公民提供机会，让他们明确表达他们看待特定话题的出发点和影响他们面对的问题和解决问题的社会立场。因此，新闻可能会成为一种手段，它应该让公民理解他们不仅存在不同，或许还相互冲突的利益，而且有一些利益比其他的利益更需要保护和宣传。总之，记者应该通过揭示各个社会群体中潜在的利益冲突，激励公民探讨观点产生分歧的根源。

要帮助公民探讨他们不同观点的原因，必然要求记者认真倾听公众的声音，尤其是存在的分歧。同样重要的是，记者应该承认（这一点往往是传统的主流新闻所做不到的），一些社会立场阻碍了甚或阻止了某些公民在公共场合发表言论，阻止他们充分参与公众协商。由于对超常交流的强调本身或许会导致民众失声，可能妨碍公民充分参与，所以记者应该帮助公民认识到社会不平等是如何损害公民平等参与的能力的。此外，记者自己必须考虑到公民的言论会受到哪些限制，并积极地寻找条件、时间、地点和话题让这些公民参与。

038 这种公众协商的观点并不意味着记者应该重点强调、促进分歧或夸大微不足道的分歧所带来的影响。事实上，记者应该帮助公民区分微小的和重要的分歧。此外，记者不应该机械地或简单地认为，个人的社会身份决定他们的观点，而是要帮助他们明确表达各种各样的社会身份之间的关系。据说，团结意识更可能产生于互相尊重——求同存异（承认差异性基础上的互相尊重）——而不是产生于对公共性的一种抽象地追求。

如果记者要帮助缓和不同社会群体中潜在的利益冲突，他们不仅应该把突出的社会不平等当作公众协商的主题（或是焦点），而且应该帮助公民向有关“公共利益的话题”和“个人关心的事物”之间固有的区别发起挑战。对哈贝马斯（1989）而言，真正的公众协商不仅要求公民抛开社会不公和相互制约，仿佛这个社会是公平的，而且公民要抛开自己的身份和利益。弗雷泽（1990）对后一个要求提出异议，依据是，恰如要抛开社会不平等一样，这样的要求使公众协商的某些话题扩大了，传统意义上它已为占支配地位的社会群体服务而不是为受支配地位的社会群体服务。弗雷泽指出，由于缺乏一个先天的自然界限，人们应该通过广泛讨论而不是提前决定什么来看待那些涉及公众利益的话题和私人事物。实际上，平等参与公共领域就必须给受支配地位的社会群体提供机会去说服占支配地位的社会群体，现在应该把过去被排除在公共利益议题范围之外的某些议题纳入公共利益的议题了。尤其是弗雷泽向“经济隐私”的观念提出挑战，因为它通过对议题进行简化把一些议题排除在公众协商之外："在此所有被讨论的议题都被描述为不牵涉个人感情的市场规则、个人的特权，或者管理者和策划者的技术困难，以区别于公共政治问题"（p. 73）。弗雷泽批评了与之相对应的"家庭隐私"的观念，因为它通过对某些议题的私人化或者家庭化把它们排除在公众协商之外："他把它们描述为家庭或者个人问题，与公共政治事件相区别"（p. 73）。 038 039

和弗雷泽（1900）一样，我认为新闻工作者应该竭尽全力让公众协商过程保持开放性和包容性。为缓解不同的社会群体中潜在的利益冲突，记者应该通过给受支配地位的社会群体提供机会，把在过去受到限制的议题引入公众协商，包括涉及工作场所的议题（例如"经济隐私"）和涉及家庭的议题（例如"家庭隐私"），以帮助受支配地位的社会群体向在公众利益和个人事务之间存在的固有的区别提出挑战。更概括地讲，考虑到公众观点的差异，记者应该努力避免忽略一些社会立场（比如把某些议题划分为个人话题，因而不能在公共场合谈论）。相反，不是把一些既定的主题立场视为理所当然，新闻工作者应该给公民机会，让他们自己决定在特定的环境中哪些立场是最重要的。

## 公共领域之结构

那么，关键问题是哪些制度安排将会最好地促进公众协商过程尽可能保持公开性和广泛性这一目标。我要再一次借助弗雷泽（1990）对

039 040 哈贝马斯（1989）的批评来寻求一个切实可行的办法。对于哈贝马斯来说，聚焦于所有公民普遍关心的议题就要求建立一个单独的、团结的公共领域。弗雷泽认为，这种模式的公共领域的问题不仅在于它以人们普遍关心的话题存在为先决条件（一个本身就存在问题的设想，如前章所述），而且在于它剥夺了受支配地位的社会群体在占主导地位的社会群体控制和监督之外对于它们特有问题进行群内协商的空间。因此弗雷泽支持建立一个由多个话语领域构成的、基于不同的亲密关系和利益而组建的公共领域，因为在不同社会阶层中，迎合大多数公众观点的安排能够比单一详尽的、共同的公共领域更好地促进平等参与的目标（p. 66）。

需要强调的是弗雷泽（1990）并无意通过支持一个由多个话语领域构成的公共领域，倡导与“公共主义者”相对的“孤立主义者”的公共性理念。事实上，弗雷泽认为，尽管这样一个公共领域模式将会为受支配地位的社会群体提供机会，让他们表达和传播反对的言论，以帮助他们形成对自己的身份、需求和利益的相反的诠释，它同样应该为面向更广泛的公众的宣传活动提供基础平台和训练的场所。弗雷泽指出：“（这个模式）解放的可能性完全在于这两个功能的辩证关系之中。这种辩证关系（可能）使局部的受支配地位的社会群体消弭，即使不能完全的根除占支配地位的社会群体成员在阶级社会中享有的不公正的参与特权”（p. 68）。

和弗雷泽一样（1990），我鼓励记者帮助培养一个由多种话语领域组成的公共领域，让不同社会群体的成员在这个公共领域中明确表达和协商涉及他们的议题。实际上，通过提供进行协商的独立论述空间，记者可以帮助受支配地位的社会群体在公众协商过程中享有和占支配地位的社会群体同等的参与机会。然而，正如弗雷泽指出的，为了坚持公共领域的公共主义者而非孤立者主义的目标和容纳公众中的多数人观点，记者也要致力于把不同社会群体的成员团结到一个联合的论述空间之内。毕竟，即使公民对于哪个问题最具有政治意义持有异议，公共新闻也要为真正公开的广泛的公众协商创造条件，而且应该为公众问题的协同解决创造条件。 040 041

这种公共领域模式有着实际的新闻含义。它首先意味着在支持公民组成小组以诸如圆桌会议的形式进行对话交流的过程中，记者应该鼓励所有参与者参与共同协商之前，为来自不同社会群体的公民提供机会，让他们自己进行内部协商。其次，同样地，为了更广泛的受众的利益，记者应该在对这些探讨进行后续报道的时候，帮助保持这些交流的独立性。尽管关于既定群体内部协商的文章会有助于读者理解特定社会立场如何影响某些群体对问题和解决方案的看法，针对更加广泛的群体内部协商的文章，不仅将帮助读者比较相互冲突的利害关系，而且能够帮助他们找到可能存在的共同点，最后形成协同解决共同问题的基础。

## 推动公共问题的解决

如果公共新闻的职责不仅在于推动公众协商，同样在于找到公共问

041 题的解决途径，或者像罗森（1999，p. 22）所说的，在于帮助公众解决而非仅仅了解问题，那么记者究竟应该鼓励怎样的问题解决方案呢？为了确保由新闻带来的协商公众不仅仅是昙花一现，我认为记者应该鼓励公民继续协商，并在更为广泛的文明社会制度内对他们的协商结果施加影响；也就是说，公民可以组织起来通过多种公民组织形式进行有组织的政治协商和政治活动。要实现这一目标，就要给公民提供勒莫特（1981）所提出的“动员性信息”，或者是关于如何把致力于特定问题的相关公民组织联合起来的信息。而且，事实上，这正是记者在实际工作中所做的。正如我在下一章节中详细描述的一样，实证研究的资料文献表明，从事公共新闻的新闻机构普遍比主流新闻机构提供明显更多的动员性信息。

实际上，虽然参加由新闻媒体发起的讨论组、圆桌会议和社区论坛可得到一些教育和象征性的满足，但这些聚会并不能真正代替持续的解决方法。就像格拉瑟（1999，p. 11）指出的，这些特设会场“至多是创建了一个用于讨论的平台，这个小小的临时场所是由新闻界管理，常常只供新闻界展开辩论使用。由于无法长期维持这些讨论和不断拓宽的话题覆盖范围，新闻界也无法宣称自己已经很好地确立起了公民参与的传统。”伊格尔斯（1998，p. 146）同样指出，为了新闻媒体发起的交流活动而聚集起来的公民不能构成真正的公众。相反，他们代表了“一群陌生人，这群陌生人可能再也见不到彼此，也不可能有机会发展一种对民主合作至关重要的相互信任和理解的关系。”

像对话形式的和公众协商形式的公共话语之间的关系一样（如 041 042
上），我认为公共领域和市民社会（公民组织）的关系是相辅相成辩证统一的。尽管公民群体可以为公民提供一个机会，让他们逐渐树立他们的政治身份并且明确表达、协商、推行某些特定的政治主张，但是公共领域则可以提供论述空间，让更广泛的读者分享和探讨这些观点。事实上，新闻业让更多的受众评价某些政治活动的合理性和有效性，不仅不会让新闻业降格为社会的后援者，反而可以成为公民辩论和提出政治活动新方案的一种手段。反之，这些公民协商的成果可以引导文明社会制度的形成，从而进入一种持续的良性循环。

然而，实际上，相对于推动公共领域和公民社会互补关系方面而言，记者在推动对话和协商的公共话语的互补关系方面显示出更多责任。正如前一章所探讨的，尽管从事公共新闻业的新闻机构对它们负责组织的各种公民交流进行了积极回应，但它们只是对受其报道启发而发起的政治活动进行后续报道。反过来，这就表明，尽管倡导者们经常宣称新闻应该帮助改善公共生活，但对公共生活理念的理解不是更加广泛和包容，而仍然是狭隘的，以媒体为中心。

虽然我通常号召记者鼓励公民继续协商，并且——在更加广泛的文明社会制度下——推行他们的成果，但是我相信在推行任何公共问题的解决方案之前，记者应该充分考虑采取什么样的干预措施才能妥善处理特定问题。实际上，许多学者并不十分认同新闻组织仅仅关注局部的、基于公民的干预措施的做法，这样可能会有损其他形式且更加合理的干

042 043 预措施。他们认为这样做也许会让公民对参与产生一种错觉，那就是参与只是为特有的社会精英利益服务（格拉瑟，1999；帕里西，1997），并且助长公众对政府和政治的愤世嫉俗的情绪，而这种愤世嫉俗正是公共新闻希望消除或者至少是企图减弱的情绪（伊格尔斯，1998；舒德森，1999）。

例如，帕里西（1997，p. 682）认为“公共新闻所强调的‘个人力量和责任’以及‘自主解决’将自然地合一为政治动力，使得大型社会计划所称的‘公共利益’的观点面临系统的挑战。”帕里西强调，公共新闻以局部的和基于公民的干预措施为中心可以理解为“可能和主导利益联盟的证据，因而我们可以认为（公共新闻）掌握了‘主导权’——一种可以调和时事新闻收集矛盾的手段，而不必带来任何实质上的变化”（p. 682）。同样，格拉瑟（1999，p. 10）担心“聚集公众或许只会带来改革的幻觉”，抑或更糟的是公共新闻可能变成“选举和达到合法化的技巧，这一技巧会让公民对参与产生一种错觉，而不对固有的社会精英的利益提出质疑”。伊格尔斯（1998，p. 150）为上述担忧作出补充，他指出“在对话不太可能产生作用的情况下鼓励公众参与公共讨论，可能会加深公众愤世嫉俗的情绪和不满”。事实上，伊格尔斯认为，当记者“要求地方公众‘自主解决’时，他们有可能排除了这样一种可能性——局部问题的根源和解决方法需要从更高的层次加以理解和着手”（p. 152）。同样，舒德森（1999，p. 129）指出，通过鼓励局部的和以公民为基础的干预，“公共新闻可能无意之中助长了在记者

看来是现代衰落和幻灭象征的愤世嫉俗的情绪”。 043 044

为了确保所推行的公共问题解决途径与特定问题的本质相符，我建议记者认真考虑两个根本性的问题。其一，记者需要考虑公民自己是否能够妥善解决某些特定的问题，或者这些问题是否需要政府官员采取更加强烈和系统的干预措施。其二，记者需要考虑某些特定的问题是否可以通过局部干预得到妥善的处理，或者是需要通过公民干预或政府干预来解决，以及这些问题是否需要来自更为广泛的地区、国家、民族、甚至是国际范围的干预。

对于那些公民自己可能解决的问题，无论是在特定地区内还是在更为广泛的范围内，记者应该支持和鼓励公民通过自身努力制定和实施针对这些问题的具体解决方法（例如，以“直接参与”的形式解决公共问题）。同时，记者还可以描绘其他地方的公民为解决相似问题在过去已经采取或者现在正在采取的方法，以便为公民创造其群体内协商这些问题的空间，鼓励公民加入或创造新的（局部的或者更大规模的）公民组织，并公开公民对资源的要求。正如前面所提到的，尽管记者普遍鼓励局部的和以公民为基础的干预措施，他们却很少描绘其他地方的公民为解决相似的问题，在过去已经采取的或者现在正在采取的方法，或者鼓励公民加入现有的（或创造新的）或者更大规模的公民组织，以便解决这些问题。

相反，对于那些需要采取更加强烈的和系统的干预措施的问题，无论是在某个特定地区内还是在更为广泛的范围内，记者都应该鼓励公民

044 和对所讨论的问题具备专业知识的专家进行磋商以制定可行的解决方案，然后说服政府官员把这些方案付诸实践（例如，以代表的形式解决公共问题）。

这种解决问题的模式给公共新闻的理论和实践带来了一些挑战。它首先意味着记者必须以前所未有的广泛且包容的方式看待公众。简言之，虽然公民可以自行解决一些问题，但许多其他问题还需要公民、专家和政府官员的协同合作才能妥善解决。要促使这样一个“宏观公众”的产生，记者必须跨越正如一些学者所称的对专业知识的明显的怀疑，或者是跨越这样的错误信念：如果专家参与解决问题，即使不至于毁灭，但是至少从某种程度上会影响公民真实地表达公共观点和与政府的对抗关系。这就意味着乐观地讲，记者认为政府官员的干预达不到预期效果，悲观地讲它甚至会起反作用（伊格尔斯，1998；莱文，1998；帕里西，1997；舒德森，1999）。

其次，同样重要的一点是，这种解决问题的模式意味着记者必须重新考虑自己在甄别特定问题的切实可行的解决方案过程中所扮演的角色。要理解其中的原因，我们最好对记者合理干预范围的界定这一问题进行一番简单的考察。依据公共新闻业学术与实践的倡导者们的观点，记者应该关注公民为了解决问题付出努力的过程而不是结果。例如，查理蒂（1995，p. 144－146）认为，“公共新闻扮演一个宝贵的角色——一条道德界限——并扮演与主流新闻同样明晰并且同样可能写入职业行为准则的角色：新闻业应该拥护民主而不是拥护某些特定的方案。”梅里特（1998，p. 97）也赞同这一观点，他认为记者不应该偏袒任何特殊的公民协商结果，除非它是通过民主过程产生的。对罗森（1996，p. 13）而言，记者有必要保持“积极的中立”姿态，并做到“不规定既定方案和偏袒任何涉利方”。 044 045

毋庸置疑，我认为记者应该关注公民协商是否以民主的方式进行。正如前面所探讨过的，在广泛的社会不平等条件下，记者的首要责任之一就是确保受支配地位的社会群体享有和占支配地位的社会群体同样的机会，让他们表达和协商他们特有的问题，包括为不同的社会群体成员提供独立的论述空间进行协商。但是记者的责任又远远不限于此。如果记者要确保受支配地位的社会群体所关心的事不仅得以表达和倾听而且得到推行的话，他们还需要关注特定的公民协商的结果是为谁的利益服务。正如西里安尼和弗里德兰（2001，p. 229）所指出的，记者应该让公民自己“对他们的协商结果负责”。因此，如果公民所赞同的干预措施没有推进减少社会不平等这个共同目标，或者甚至更糟，反而促使占支配地位社会群体凌驾于受支配地位的社会群体利益之上，从而助长了这种不平等。记者应该公开这一点，包括主张他们自己的其他干预措施，并说服相关政府官员实施这些干预措施。记者应该把这些当作他们自己的权利——实际上也是他们的责任。换句话说，如果新闻业的确是一个重要的政治机构，它就有责任支持符合特定问题的解决措施。公共新闻的公开性不仅仅在于为公民提供参与公众协商的机会，而且在于为记者提供他们认为最符合公众利益的解决方案。记者把解决问题的努力

045 046 从公民所能够做或愿意做的事情转向处理当前需要解决的某些特定问题。因而，记者不仅应该依据明确的新闻价值观对公民的批评给予公开回应，而且当这些价值观受到公民认可的干预时，应该积极主张和维护他们，尤其是社会平等价值观，以便帮助新闻业培养协商公众。

更概括地说，区分公民协商的过程和结果之间的问题在于它可能把公共新闻变成一个没有实质性和方向性的社会实验。实际上，这个区分显露出他们对公民协同合作的必要性以及最终目的的忽视。格拉瑟（1999，p. 10）巧妙地把这个问题归结为公共新闻缺乏根本目标。

正如许多倡导一样，我号召记者更加积极地，即便不是独断地，参与问题求解过程，同样意味着记者不应该对特定政治家、公职候选人和需要回避的特殊利益团体保持政治中立。罗森（1999a，p. 76；参见：奥斯汀，1997；科尔曼，2000；西里安尼、弗里德兰，2001）提出“把新闻工作和政治工作合而为一”。和他完全相反，我认为记者应该积极支持那些能够制定出有望减少社会不平等的新闻议程的政治家、公职候选人和特殊利益团体。恰如格拉瑟（1999，p. 10；参见：诺德，2001；保利，1999）所说，“公共新闻对政治支持的担心使出版社从权力中心分离出来，这有可能导致地方的、地区的、民族的甚至是国际的差异。”因此，除了鼓励公民加入地方的和更广泛的公民组织以外，记者还应该根据具体问题鼓励公民加入各种派别，例如代表不同政治利益的群体、政党、工会、民权组织等等。

046
047

## 公共新闻之公共哲学

如果公共新闻要凭借本身明确和合理的理念取得成功，它就必须融入一套指导性的公共哲学，而不是继续局限于其对传统主流新闻固有不足的批评和自身的其他标新立异的行为之中。当公共新闻学术与实践的倡导者们甚至因为企图区分公共新闻和传统主流新闻而遭到批评者们的诽谤时，在早期对公共新闻采取被动的态度很有必要性。关于这一点，我将在第四章中作进一步讨论。如果公共新闻要提出和证明一套属于自己的独特的目标和准则，它就必须采取主动的态度。实际上，我们需要规范的标准——某种可以衡量实际表现的东西，以评估特定公共新闻实践的民主可行性和订立有效的改善措施。

在本章，我试图为公共新闻提出一套公共哲学。通过借鉴哈贝马斯关于公共领域的理论，我指出记者的主要责任是通过创造和维持一个开放的和自由的公共领域，让所有公民参与进来，并表达、协商和讨论涉及他们的议题，以便帮助培养协商公众。要促成这样一个公共领域，记者就必须和公民分享权力。这不仅要求他们创立各种正式或者非正式的手段让公民参与新闻媒体议事日程的制定，而且必须促进一种集合了对话交流和大众传播协商优点的公共话语形式的发展。

虽然哈贝马斯（1989）的著作就记者对公众和公众协商的看法这一问题提供了坚实的理论基础，但是关于公众协商的现实目标以及哪种

047 048 制度安排能够最好地促进这个目标的问题，我倾向于弗雷泽（1990）的观点。考虑到社会不平等广泛存在，我认为只有把公众看作由处于支配和受支配关系的多个社会群体组成，而不是看成一个单一的现象，协商公众的理念才能得到最好的诠释和发展。为了促进在公共领域内平等参与，并帮助缓和不同社会群体潜在的利益冲突和意见分歧，记者应该帮助培养一个包括多领域的话语领域，以便让不同的社会群体表达和协商涉及他们的议题，并且向公众话题和个人话题之间根深蒂固的分歧提出挑战。

最后，我提出了一种模式，它阐释了在问题求解过程中，普通公民、专家、政府官员和记者分别应该扮演的角色。我认为，虽然公民自己可能解决某些问题，但是其他的问题也许要求公民和专家以及政府官员就特定解决方案的形成和实施展开合作。当其他人认可的干预措施与他们的价值观产生冲突，或更明确地说，当其不能促进减少社会不平等这一共同目标的时候，记者有权通过提倡自己的特殊方案参与到问题的求解过程中。

在随后的章节，我将把这个公共哲学应用到公共新闻的各种理论和实践中。

在此，从概括性的角度讲，我将表明这套公共哲学有助于设计针对公共新闻实证性研究的未来方案（第三章），回应新闻学者和从业记者对公共新闻业提出的批评（第四章），指明何种公共新闻活动能够带来改变和产生更好的效果（第五章），评价广泛使用的协商方法

的合理性（第六章），探讨某些新闻机构之所以能够比其他机构更好 048
地反映潜在的民主理想的原因（第七章），评估公共新闻工作的发展现状（第八章）。

# 第三章 公共新闻的实证研究

尽管公共新闻的学术及实践倡导者们都不能以自己的方式清楚地阐释公共新闻就是一种新闻哲学，但公共新闻运动仍然引发了众多评估研究。事实上，从 19 世纪 90 年代中期出现第一例公共新闻的实证研究开始，美国至少已经开展了七十多例涉及公共新闻实践的研究，然而，国外这方面的研究相对较少。

作者将在本章对公共新闻的社会科学研究（定量与定性）做一综述。具体来说，笔者将从

049 050 当前研究中最关注的三点展开：1. 主流新闻工作者对待公共新闻的态度；2. 践行公共新闻理念的新闻机构与主流新闻机构的新闻报道之间的差异；3. 公共新闻激起的新闻报道对公民的影响。在后面的章节中，我会讨论其他一些重要但研究较少的议题。

首先我对以上三点实证研究文献进行综述，其次，讨论以上研究中的方法缺陷，主要是概念化问题、方法论问题以及诠释问题。虽说这些缺陷不足以对整个研究的效度引起怀疑，但在今后的研究中也应对其给予足够的重视。最后，笔者就未来的研究该如何拓宽实际研究领域提出一些建议，主要包括实证研究中的一些空白以及一些具体问题，如公共新闻的实践几乎等同于我提出的公共哲学中蕴涵的民主理想。

## 主流新闻工作者对待公共新闻的态度

在过去的 10 年里，主流新闻工作者对待公共新闻态度的研究不胜枚举。与传统观念相反，这些研究表明大多数新闻工作者，包括编辑以及普通新闻记者在内，都赞同与公共新闻相关的大部分实践（参见埃伦特、迈耶，1998；贝尔［Bare］，1998；竞选研究组，2001；科里根，1999；迪克森、布兰登与托平，2001；加迪等，1998；杰弗里斯、库提塔、李、塞克尔卡，1999；麦克德维特、加萨韦、佩雷斯，2000；佩恩，1999；维阿科斯，1999；韦弗、威尔霍伊特，1996；韦弗、比姆、布朗利、维阿科斯、威尔霍伊特，2006）。总体来讲，他们对公共新闻持赞同态度，但与那些规模较大的新闻机构相比，效力于小型新闻机构的新闻工作者更多地支持公共新闻（参见埃伦特、迈耶，1998；竞选研究组，2001；维阿科斯，1999；韦弗、威尔霍伊特，1996）；同时，与那些没有践行公共新闻理念的新闻机构相比，奉行公共新闻理念的新闻机构中的新闻工作者对其支持率更高（参见埃伦特、迈耶，1998；贝尔，1998；迪克森等，2001；加迪等，1998）。这些发现是不足为奇的。各种规模的新闻机构都在践行公共新闻（参见埃伦特、迈耶，1998；迪克森、托平，2001；弗里德兰、尼科尔斯，2002），然而大型新闻机构践行公共新闻的比例更高。事实上，迄今最全面的研究表明：大约四分之三（74%）的美国公共新闻运动都是由日发行量二十五万份或不足二十五万份的报纸开展的（参见弗里德兰、尼科尔斯，2002）。 050 051

公共新闻的这些实践虽然在总体上得到了普遍赞同，然而，从态度上来讲，新闻工作者更容易接受那些与传统主流新闻相差无几的实践。1999 年，维阿科斯对美国 1000 多名报纸记者进行调查，结果发现：大部分受试者都强烈支持调查中的四项实践。然而，对于那些比较“温和”（或比较传统/不那么激进）的实践——聚焦特定社区问题以及协调可选择的解决方案，他们明显表现出高度支持；相比之下，对于那些比较“激进”（或不那么传统/相当激进）的实践——利用民意测验发现公民最关注的问题、资助市政会议、给公民提供机会开展协商并形成可能的解决方案，其支持度较低。佩斯（1999）对相同的四种公共新闻方法展开了另一项调查，结果表明：此模式同样适用于效力于南卡罗

051 来纳州哥伦比亚市《哥伦比亚报》的新闻工作者，如第一章所述：这家报社不遗余力地使公共新闻成为日常收集信息和新闻报道实践的一部分。

很多其他研究也得出了与维阿科斯（1999）这一发现相同的结论，即：从态度上来讲，新闻工作者更容易接受那些与传统主流新闻相似的实践，尽管构成公共新闻的“温和”、“激进”方法的量度有所不同（参见埃伦特、迈耶，1998；科里根，1999；迪克森等，2001；杰弗里斯等，1999；麦克德维特等，2000；韦弗、威尔霍伊特，1996；韦弗等，2006）。总体来说，这些研究表明：新闻工作者普遍认为他们的职责是聚焦报道那些大众关心的问题，将公众对这些问题的观点整合在他们的报道中，并为那些致力于解决此类问题的当地公民组织提供信息，而不是资助协商论坛，组织公民展开商议并形成可能的解决方案，帮助公民就如何解决特定问题达成一致意见，直接与当地公民组织合作，帮助实施这些问题的实际解决方案。

尽管新闻工作者强烈赞同部分公共新闻实践，但研究表明：新闻工作者仍然习惯于传统新闻实践，例如，研究政府立场、分析解释复杂问题、为公众迅速地传播信息，这与韦弗和威尔霍伊特（1996）所说的新闻工作者的角色是“解释者/调查者”以及“信息传播者”相接近（参见埃伦特、迈耶，1998；杰弗里斯等，1999；麦克德维特等，2000；韦弗、威尔霍伊特，2006）。值得注意的是，这种多元取向在践行公共新闻理念的新闻机构中也有体现。加迪等人（1998）对来自《威奇托鹰报》和亚拉巴马拉州墨比尔市的《纪事报》的40位新闻记者开展了一项对比研究，结果发现：来自《威奇托鹰报》的20名记者中，从态度上来讲，7名更愿意接受此类实践——这种实践体现了公共新闻激发的角色构想。其余13名更乐意接受此类混合角色构想——既能体现公共新闻激发的实践，也能体现传统新闻实践。同样贝尔（1998）对来自《威奇托鹰报》、北卡罗来纳州的《拉里新闻和观察者报》、内布拉斯加的《奥马哈世界先驱报》的400多名新闻工作者进行对比研究，结果表明：在“个人化公共新闻”（新闻工作者就其职责——帮助解决社区问题——的态度）与“机构化公共新闻”（新闻工作者就新闻机构的职责——帮助解决社区问题——的态度）两种方法中，《威奇托鹰报》的受试者得分最高，同时，他们在新闻工作的角色是解释者、调查者或信息传递者这几个量度中得分也很高。 051 052

尽管只有为数不多的对比研究调查新闻工作者及公众对待公共新闻的态度，但现有的证据已表明了一些显著的差异。埃德尔、麦库姆斯与波因德克斯特（2006）对600名公众和一些新闻工作者对待公共新闻的态度展开了对比研究，结果发现：公众认为新闻工作者的主要职责并非扮演政府的“监视者”、报道政府要闻、向公众迅速传递信息，而是资助社区论坛，给公民提供商议特定问题的机会。然而，公众和新闻工作者都认为，报道问题的对策也很重要。调查者对这些数据进行再次分析后发现：妇女、非洲裔美国人、拉丁美洲人、经济贫困、教育程度相对较低的人比男人、高加索人、亚洲裔美国人、经济富裕、受过良好教育

052 053 的人更希望新闻工作者报道有关问题的可能对策。同样，菲（2002）就360多名蓝领工人及北卡罗来纳州的《拉里新闻和观察者报》的新闻工作者对公共新闻所持态度进行对比研究，结果发现：蓝领工人更希望新闻工作者帮助公众解决社区问题，而不希望他们只是政府的监视者，分析解释复杂问题。这些发现至关重要，它们不仅表明公众与新闻工作者对报刊的期望值存在差距，也表明社会边缘群体成员，不分种族、等级及性别，都需要一种新闻形式，旨在帮助他们表达他们的特别关注并使其得以凸显。

## 公共新闻的新闻报道

主流新闻工作者既拥护由公共新闻所激发的实践，也支持传统的新闻实践，这体现了一种多元取向。研究发现，践行公共新闻理念的新闻机构与主流新闻机构的新闻报道大不相同。除个别例外（参见崔，2004；梅尔、波特，2001；罗塞尔，2003），学者通过对激发公共新闻的竞选活动、特别报道及日常报道进行定量的内容分析，可以发现，践行公共新闻理念的新闻机构更倾向于：（1）发布较长的、较多员工撰写的、主要针对当地事件的新闻报道（参见布莱泽、勒莫特，2000；肯纳默、索思，2002；卢米斯，1998；麦克米伦、格皮、孔兹、赖斯[Reis]，1998；米勒，1994；雷诺兹，1997，1999）；（2）更多关注实体政策问题而非孤立的政治事件（布莱泽、勒莫特，2000；弗里德兰、

尼科尔斯，2002；肯纳默、索思，2002；麦格 053
雷戈、科姆里、方丹，1999；麦格雷戈、方丹、科姆里，2000；麦克米伦等，1998；迈耶、波特，2000；米勒，1994；雷诺兹，1997，1999)；(3) 报道正在调查中的特定问题的可能对策（弗里德兰与、尼科尔斯，2002；麦格雷戈等，1999；莫斯科维茨，2002)；(4) 强调政治候选人的立场，任职资格及政绩（伊瓦特，1999；肯纳默、索思，2002；麦格雷戈等，1999，2000；麦克米伦等，1998；迈耶、波特，2000；米勒，1994；雷诺兹，1997，1999)；(5) 低调报道竞选事件，候选人的竞选策略以及形象管理技巧（伊瓦特，1999；肯纳默、索思，2002；麦格雷戈等，1999，2000；麦克米伦等，1998；米勒，1994；雷诺兹，1997，1999)；(6) 较少赛马式报道[3]及较少关注谁在民意测验中占上风（伊瓦特，1999；弗里德兰、尼科尔斯，2002；肯纳默、索思，2002；麦格雷戈等，2000；迈耶、波特，2000；米勒，1994；雷诺兹，1997，1999)。

③译者注：赛马式报道，即只关心竞选活动和候选人的言行以及私生活，而对于那些事关公众切身利益的问题则缺乏深入、持续的报道。

053 054 公共新闻的学术与实践倡导者们对新闻报道成功地进行了重新定位（参见第一章），同时，这些努力表明他们力图通过“动员性信息”使公众更积极地参与民主进程。与主流新闻机构相比，践行公共新闻理念的新闻机构更多地关注与大选相关的动员性信息，如怎样登记，去哪里投票（麦克米伦等，1998；米勒，1994），如何参与当地公民干预，如何接触解决特定问题的当地公民组织（布莱泽、勒莫特，2000；莫斯科维茨，2002）。这些机构不仅发布较多动员性信息，还借助图表等形式将这些信息形象地展示出来（科尔曼，2000b；科尔曼、瓦塞克，2004）。

践行公共新闻理念的新闻机构做了很多努力来挑战传统的新闻报道惯例，但关于信息源模式的研究结果是相当混杂的。一方面，很多研究发现，与主流新闻机构相比，践行公共新闻理念的新闻机构更多地以普通公民（布莱泽、勒莫特，2000；弗里德兰、尼科尔斯，2002；肯纳默、索思，2002；李，2001；马西，1998；莫斯科维茨，2002；劳什，2003）为信息源，其中包括妇女和少数族裔（尤尔特，2000，2002，2003；库尔皮斯，2002；马西，1999）。这说明新闻机构的确努力为公众（包括社会边缘群体成员）提供机会，公开表达他们的特别关注。另一方面，就全部信息源而言，研究结果是非决定性的。一些研究表明：践行公共新闻理念的新闻机构更多地以公众而非社会精英为信息源（布莱泽、勒莫特，2000；尤尔特，2000；莫斯科维茨，2002），而另外一些研究结果恰好相反（尤尔特，2002，2003；肯纳默、索思，2002；

李，2001；麦克米伦等，1998；雷诺兹，1997，1999），还有一些研究 054 055
表明对两者的依赖程度相同（弗里德兰、尼科尔斯，2002；马西，1998，1999；劳什，2003）。

## 公共新闻对公民的影响

上述公共新闻的新闻报道特点毫不例外地（参见布洛姆奎斯特、朱肯，1997）对公民的知识、态度以及行为均产生正面影响。就知识、态度、行为这三方面而言，由公共新闻所激发的新闻报道有如下作用：（1）增强公民对大选话题及本社区问题的兴趣、了解及关注（查菲、麦克德维特、索尔森，1997；陈、索尔森、允、奥格尼诺娃，2002；登顿、索尔森，1997，1998；黄，2006；迈耶、波特，2000；米勒，1994；索尔森、弗里德兰、安德森，1997；索尔森、沈、允，2002）；（2）增强公民对他人的信任（登顿、索尔森，1997，1998；迈耶、波特，2000）；（3）提高公民自觉参与解决公众问题的意识及感悟能力（查菲等，1997；迈耶与波特，2000；索尔森等，1997）；（4）提升公民参与新闻机构的积极态度（登顿、索尔森，1997；弗里德兰、尼科尔斯，2002；黄，2006；迈耶、波特，2000；米勒，1994；罗登巴赫，1998；索尔森等，1997；赞格，1995）。

反之，公民知识及态度发生的变化也促使其更加倾向于：（1）参与大选话题及本社区问题的人际讨论（查菲等，1997；陈等，2002；弗

055 056 里德兰、尼科尔斯，2002；弗里德兰等，1998；西蒙斯，1999；索尔森等，1997，2002；索尔森、奥格尼诺娃、科勒、兰贝思，1998；韦尔切洛蒂，2001）；（2）自愿为当地公民组织服务并/或捐款（查菲等，1997；陈等，2002；弗里德兰，2000；弗里德兰、尼科尔斯，2002；索尔森等，2002）；（3）组建新的公民组织（弗里德兰，2000；弗里德兰、尼科尔斯，2002）；（4）就当地社区问题与政府官员取得联系（弗里德兰等，1998）；（5）登记选举（米勒，1994；鲁杰罗、克拉夫特，2001）；（6）在选举中投票（鲍尔斯、沃克，2003；查菲等，1997；陈等，2002；登顿、索尔森，1998；弗里德兰等，1998；米勒，1994；鲁杰罗、克拉夫特，2001）。除了上述这些正面影响之外，弗里德兰与其同事（参见弗里德兰，2000；弗里德兰、尼科尔斯，2002；尼科尔斯、弗里德兰、罗哈斯、丘、沙阿，2006）进行的几组研究表明：公共新闻的新闻报道实质上有一定的政治影响力，主要是促使当地政府官员筹集更多的公共基金来努力解决特定问题甚至改变解决这些问题的公共政策。

虽然只有为数不多的研究试图确定公共新闻中哪种行为对公民的知识、态度等产生的影响最大，但还是有很多重要发现。首先，研究表明：一段时间内，对某一事件进行长期的追踪报道比短时间内聚焦多起事件更有效果。在一项关于四种公共新闻创新活动的对比研究中，索尔森（1997）等人发现《夏洛特观察者报》的“收复我们的家园”这项仅聚焦犯罪问题、持续了很长时间的报道，远比其他三项——同时关注

几个问题但持续时间较短——新闻创新活动更能激起市民兴趣、增进了 056
解及关注。另外，索尔森（1997）等人还发现旨在使公民参与解决问题的新闻活动比那些旨在让公民参与公众协商的新闻活动更有效果。确切地讲，他们发现：四项活动中，两项解决问题型的新闻活动（《夏洛特观察者报》的“收复我们的家园”以及纽约宾厄姆顿的《新闻和太阳公报》的“面对未来”同时也加强了公众协商；相反，另外两项公众协商型的新闻活动（《威斯康星州报》的“我们的人民”以及《圣弗朗西斯科编年报》的“选民的呼声”）却没有激起任何解决公众问题的活动。除此之外，索尔森等人（1998）在一项关于失业问题的不知名的多媒体活动研究中发现：与那些只通过某一种途径了解此行动的公民相比，那些通过报纸或电视新闻（无线新闻广播除外）来了解此举的公民对其了解更全面、更深刻。与此相关，尼科尔斯等（2006）对弗里德兰与尼科尔斯（2002）的研究数据进行再次分析，结果发现：各种媒体共同作用远比单一新闻机构开展的活动更有可能激励公民参与现有的公民组织或者创办新的此类组织。

总之，这些研究表明最有效的公共新闻创新活动应该具备以下特点：(1) 多家报社与电视台合作；(2) 对单一事件进行长期追踪报道；(3) 以使公民参与协商、解决问题为宗旨。

## 方法缺陷

虽说有关公共新闻的大部分实证研究都是认真操作、执行和报道

056 057 的，但是某些研究仍然存在概念化、测量及诠释方面的严重方法问题。这些缺陷虽没有严重到质疑此类研究的程度，但它足以引起我们的重视，以便在将来的研究中予以解决。

首先，绝大部分研究都没有以明确的公共新闻概念为指导，这是我们最应该重视的。大部分研究都将公共新闻模糊地定义为一种旨在使公民参与民主进程的新闻活动。公共新闻的倡导者们也没有成功地把公共新闻界定为新闻哲学，这就体现了一种概念性的缺失。研究者的第二种选择就是通过对比公共新闻与传统主流新闻的差异，给出公共新闻的可操作性定义。在这一点上，关于新闻工作者对待公共新闻的态度研究比对公共新闻报道及其对公民影响的研究要深入得多。之前关于公共新闻的研究，大部分是基于比较盛行的操作方式，如区别“温和”或者“激进”的公共新闻报道形式（例如维阿科斯，1999）；而后来的这些研究中，要么因为新闻机构受到了皮尤新闻研究中心这种组织的财政支持，要么因为他们将自己的努力标榜为公共新闻，这些新闻机构就被认定为公共新闻践行者，有一个比较明显的例外——迈耶与波特（2000）用七个被广泛引用的可操作性条款来界定公共新闻。

虽说大部分研究都是以操作性定义为指导，研究新闻工作者对待公共新闻的态度，但有一些界定还是比较狭隘，甚至有误导读者的嫌疑。例如贝尔（1998）在实施“个人”与“机构”的公共新闻时，他将公共新闻界定为新闻工作者个人或者新闻机构帮助解决社区问题的义务。虽说解决问题是公共新闻非常重要的一方面，但并不是其唯一的功能，

当然也绝不是争议最小的。更大的问题是有几项研究将公共新闻等同于 056
一些根本无关的实践。如韦弗与威尔霍伊特（1996）将其定义为新闻工作者为提高公众文化水平、文化兴趣以及为公众提供娱乐而做出的努力。无独有偶，埃德尔等人（2006）也将公共新闻界定为对有趣的人或者群体的报道。

虽然迈耶与波特是在基于公共新闻操作性定义的前提下开展研究的（如前所述），但还是存在一些问题，这些问题也存在于其他五项对数据进行再次分析的研究中（参见卢米斯，1998；梅尔、波特，2001；罗登巴尔夫，1998；鲁杰罗、克拉夫特，2001；沃瑞克基斯，1998）。迈耶与波特（2000）利用20家报纸实施公共新闻的预先目的来测试报纸的随后报道（有关大选）对公民的影响。考虑到迈耶和波特并没有提供证据说明这些报纸提前公开了践行公共新闻的意图，这就有点违反常规了。缺乏这样的公开性，从逻辑上来讲，新闻机构更加期待报纸的实际报道可以影响公民，即对他们真实意图的一种可公开观察的呈献。

除此之外，一些研究存在着各种各样的测量方法问题。大多数关于新闻报道的研究都采用内容定量分析法。这种研究方法的准则是：研究者不仅要清楚地提供确定的（和可接受的）变量可操作性，而且还要提供统计数据，这些数据概括了编码者的协议水平。然而，很多研究仅列出变量标记，却没有清楚地解释如何对研究中的这些变量进行操作，也没有报道编码者的协议水平，或者对编码者达成协议的程度报道不足，仅提供概括的、简单的一致系数，其掩盖了个体变量可信度。与此

058 059 相关，其中一些研究是由作者本人完成的。这种情况下，编码者可信度是最低的："编码者内部协议"或"稳定性"，即一段时间内编码者的自我一致。"编码者之间可信度"或"再生产性"是一种更有效的测量方法，这种测量方法由两个或多个编码者（最好不包括作者本人）使用时，它衡量在何种程度上，编码协议产生相似的结果（克里彭多夫，2003）。这种想法是为了证明调查对象是独立存在的，或者处于研究设计者的思维控制之外。最后，还有一些研究没有说明谁进行了编码：编码是作者本人完成的，还是只有独立编码者，抑或作者与独立编码者共同合作的产物。

同基于内容分析的研究一样，很多基于调查的研究也存在测量方法问题。一些研究没有报道有效率，另一些研究的有效率低于通常可接受的最小值：50%。这样，样本的研究结果就不具有概括性，不能准确地反映更大的受试群体。

例如2001年竞选研究组的研究报告有效率为70%，然而，经过准确计算，实际有效率仅达到23.4%。作者指出，512家报纸被选作样本，360家即70%返还了问卷，作者同时也指出，当初每家报社有3名高层编辑收到问卷，那么实际样本就是1536名编辑，但其中实际回答问卷的只有471名（30.7%），考虑到同一家报社返回的几份问卷中，只有最高编辑的问卷有效，这样实际有效率就是23.4%。

除了缺乏有效率信息或有效率太低，一些基于调查的研究没有详细地给出要回答的问题，考虑到表述的措辞可能会影响有效率，这显然是有问题的。另外，一些研究包含了“双重”问题，即要求同时回答两个或更多的问题。例如，埃伦特与迈耶（1998）提出以下回答“同意”或“不同意”的双重问题：“我们报纸的义务不仅仅是指出社区问题，解释可选择方案，还包括举行会议或者组织一些活动来解决这些问题。”受试者只能选择同意或不同意，但问题是，受试者可能同意四个维度中的一个或几个，而不同意其余的，这就很难解释清楚同意与否这种选择对受试者到底意味着什么。与此相关，迪克森与托平（2001）询问受试者：在过去的五年中，他们的报纸有没有参与过任何公共新闻“计划”或者“活动”。尽管这不是一个双重问题，但这种表述囊括了两个维度：对公共新闻的强烈献身精神（如参与公共新闻计划）以及公共新闻活动的广义概念，这种措辞有可能无形地夸大了肯定回答的受试者数目。结果他们发现有近3/4（73%）的效力对于新闻机构的受试者都以某种形式接触了公共新闻，这远远高于埃伦特与迈耶（1998）以及弗里德兰与尼科尔斯（2002）所得出的数据。竞选研究组（2001）的研究存在类似的问题，它询问受试者是否运用过公共新闻的“工具”或者“技巧”。 059 060

最后，一些研究可能高估了践行公共新闻理念的新闻机构的新闻报道与主流新闻机构新闻报道的异同，以及前者对公民的影响。竞选研究组（2002）对两种新闻报道差异的评价是基于新闻工作者的自我报告行为，而不是任何真实的内容对比分析。然而，弗里德兰与尼科尔斯（2002）以及尼科尔斯等（2006）是基于新闻工作者的分析，而不是他

060 061 们自己的分析，去评价公共新闻对公民的影响。一般来讲，这些有关公共新闻对大选影响的研究可能夸大了实际影响程度。尽管新闻机构提供与选举相关的动员性信息，强调公民积极参与民主进程的重要性，这很可能导致选举投票人数的增加，但这些研究没有考虑到其他可能的偶然因素。诚然，投票行为本身的复杂性使我们不可能把选票的增加简单地归功于与公共新闻相关的内容因素。

## 对今后研究的建议

除了应该注意以上提到的研究方法中的缺陷之外，今后的研究还应该从很多方面拓宽研究的实质范围。这里，我主要讨论实证研究中的一些空缺以及一些更具体的问题，如公共新闻的践行几乎等同于蕴涵在我所提出的公共哲学中的民主理想。

首先，今后的研究应当拓展所要研究的新闻机构范畴。虽说有多项研究与公共新闻的新闻报道以及它在各方面对公民的影响相关，就这些话题而言，目前我们所了解的，仅是源于针对那些最早的、最有名的公共新闻活动的践行者的研究，如《夏洛特观察者报》、《威奇托鹰报》《威斯康星州报》等。如第一章所述，这些新闻机构鼓励了后继者，对更多的新闻机构进行研究肯定有助于增加这些研究结果的可推广性。毕竟，在过去的10年中，美国大约有三百多种日报，换言之，约五分之一的日报，都涉及了公共新闻（弗里德兰、尼科尔斯，2002）。

其次，相对缺乏大规模的新闻创新活动为研究者仅仅聚焦当地的公共新闻运动提供了合理的解释。今后的研究应更多地调查那些确实存在的大规模创新活动。如第一章所述，全国公共广播电台和公共广播服务都已经参与了全国范围的公共新闻运动。此外，弗里德兰和尼科尔斯（2002）发现大约6%的美国公共新闻运动都是由日发行量五十万份或更多的报纸开展的。 061

再次，今后的研究范围应拓展到激发公共新闻的竞选活动之外的领域。虽说已经有一些研究开始关注特别报道以及那些为公共新闻做出的努力——为了使公共新闻成为日常收集信息和新闻报道实践的一部分，但是，处于支配地位的仍将是大选报道。然而，让人感到既惊讶又遗憾的是，截至今日，美国所开展的公共新闻活动中只有10%与大选相关（弗里德兰、尼科尔斯，2002）。

最后，美国之外的国家和地区也普遍缺乏对公共新闻实践的独立、科学的研究。在过去的10年里，尽管有十几个其他国家都体验了公共新闻（我在第七章将对此话题详加论述），但目前我们对这些活动的了解仅限于新闻学者和公共新闻践行者的一些描述性报道，他们参与了这些活动的设计与开展。

除了要填补上述实证研究中的空缺之外，今后的研究应更多地关注与我提到的公共哲学相关的问题。第一，尽管研究表明践行公共新闻理念的新闻机构比主流新闻机构更多地引述普通公民的话语，包括妇女和少数族裔在内，但并不清楚他们是怎么引述这些话语的。新闻机构能否

061 062 凸显公民发表某些观点的深层理由，以便培育真正的协商公众？或者仅给公民提供机会去表述他们对既定话题的观点，却不去实现那些主张呢？同样，这些新闻机构会在何等程度上表达特定社会阶层的特别关注？公民以言论形式阐释社会阶层是如何影响他们对问题的理解以及解决方案？公民是为特定社会阶层做代言的“局内人”吗？抑或他们是一些不能从任何有利角度发言的“局外人”？最后，这些新闻机构又能在何等程度上为公民提供机会去挑战公共利益话题与个人关注事件之间固有的区别呢？新闻机构是否给公民机会去提出那些在传统上被排除在公众协商范围之外的话题，并对其作出评论？或者它们仅要求公民对提前被确定好的有限话题进行评论？

第二，今后的研究应关注新闻机构在推动文字新闻以外的公众协商方面做出的努力。尽管很多研究都涉及公共新闻的新闻报道，对各种公民交流形式却知之甚少，如焦点小组、圆桌会议、社区论坛等，这些都是由新闻机构资助，以帮助形成后续报道的依据。考虑到迄今所开展的公共新闻活动中，半数以上（58%）都是以某种新闻媒介资助的公众协商为特点，但让人觉得惊奇和遗憾的是，这一方面竟然缺乏实证研究（弗里德兰、尼科尔斯，2002）。在很多可能的研究问题中，今后的研究应该更多地关注新闻机构的调解作用以及这种论坛的结构与核心。这些新闻机构是否倾向于资助多种论坛，以便不同的社会群体可以讨论各自最关注的话题呢？或者更倾向于资助一些更具包容性的论坛，鼓励各社会群体一起商议大家共同关注的问题？如果是后者的话，那么这些新闻

机构会不会做出一些特别的努力以推动不同的社会群体的平等参与呢？ 062 063

第三，今后的研究范围还包括：新闻机构在何种程度上力图创造一个批判性的关于新闻的公共领域，其中，公民可以对既定话题的新闻报道进行公开批评，而新闻机构随即对这些批评作出回应。弗里德兰与尼科尔斯（2002）发现，美国所开展过的公共新闻活动中，近半数（47%）都有一个共同特点——恳请得到公民的反馈信息，但它们并没有详述这些反馈是否会得以公布并对其予以公开回应；抑或，其作用仅仅是告知那些幕后的新闻工作者。与此相似，很多例子表明：新闻机构为公民提供参与制定新闻媒介议程的机会，但我们对这种践行的广度及公民在其中扮演的具体角色知之甚少。公民与新闻工作者是否真正的搭档，均以平等的机会影响新闻媒介议程？或者新闻工作者仅仅聆听公民提出的一些建议，但最终仍然独自决定新闻媒介议程呢？

最后，尽管我们对公共新闻的新闻报道对公民的影响已经有了很多了解，但并不清楚这种影响的社会分布情况，更概括地讲，不清楚那些努力（这些努力由特定公共新闻活动激发，以解决问题为目标）的本质。公共新闻对公民的这些影响在特定地区是如何分布的？公共新闻的创新活动是否有望减少强势社会群体与弱势社会群体在政治知识与政治参与方面的差异？或者它们是否会稳固，甚或拉大不同社会群体之间既有的差异呢？与此相关，是否特定地区的所有社会团体都会受益于那些公民和/或政府官员最终实施的解决方案？抑或那些方案是否倾向于支持某些强势社会团体的利益？

# 第四章 对公共新闻的学术批判与新闻批判

如上章所述，尽管主流新闻工作者非常赞成公共新闻的许多实践，但毫不夸张地说，公共新闻已经并将继续成为新闻界最富争议（虽然说还不至于导致分裂）的话题之一。诚然，20 世纪 80 年代末 90 年代初首次开展公共新闻创新活动以来，新闻学者及新闻从业人员已经对公共新闻展开了各种或多或少含有谴责性的

065 066 批判。在本章中，我将借用我所提出的公共哲学、公共新闻的实证研究文献以及其他相关材料，对其中一些影响最深远的批判进行归纳、分析并作出回应。这样，我也可以更加清楚详尽地阐释我对公共新闻的看法以及对如何践行公共新闻提出一些建议。

首先，我要就那些对公共新闻本质的批判作出回应，即倡导者们未能清楚地将公共新闻界定为一种新闻理念，甚至更极端的批判，如倡导者们试图掀起一场宗教运动而非新闻理念。尽管我同意学术批判者的观点：公共新闻仍然理论不足。新闻批判者用宗教隐喻来取笑公共新闻，我主张将此理解为新闻工作者维护新闻边界的一个典范，说得极端些，力图将公共新闻的践行者排挤在合法从业记者的王国之外。

其次，我对各种有关公共新闻商业背景的批判作出回应。学术批判者认为，倡导者们没有考虑到商业媒介系统强加的潜在约束，这点我完全赞同。尽管管理者的兴趣在于迎合最引人注目的公民群体（从人类学角度来讲），我发现那些践行公共新闻理念的新闻机构能够使公民更广泛地参与到民主进程中。新闻批判者认为，公共新闻只是管理部门采取的一种赢利性策略，为了更好地服务媒介所有者及广告商的利益，这种营利目标迫使新闻工作者对他们的报道进行自我审查，以免冒犯听众。这些颇具谴责性的指控表明，他们越来越担心新闻业的企业殖民化以及对新闻工作者的专业自治所带来的破坏性影响以及不断滑坡的新闻报道质量。在这一重要方面，我主张将公共新闻看做一次重大事件，即，与新闻业得以运行的商业机构相比，新闻工作者利用这一机会来公开、挑

战并商定他们的践行范围。 066 067

探讨了阻碍公共新闻实现目标的潜在绊脚石之后，我对有关公共新闻目标（尤其是新闻工作者应该参与解决的问题）及实现手段（民意测验与新闻媒介资助的公众协商论坛）的合理性的批判作出回应。学术批判者及新闻批判者认为新闻工作者能够并且应该对一些问题的可能性解决方案秉持政治中立态度，这一点我不敢苟同。但新闻工作者不应该认为新闻业只是众多政治机构中的一个，以此夸大他们作为渐进主义政治改革代言人的权力，这一点我与学术批判者的观点一致。此外，我们都认为利用民意测验发现公民关注的问题，这种方法有很大缺陷，应该被抛弃，但我认为，如果没有任何其他切实可行的方法来取代目前正在使用的新闻媒介资助的公众协商论坛，那么新闻工作者就应该尽可能地使这些平台更具开放性、包容性。最后，我简要分析倡导者们如何才能使管理者、编辑以及普通记者更信服公共新闻的效用。

## 公共新闻的本质

首先，可能最根本的批判就是针对公共新闻的本质。简单来讲，一些学术批判者指责倡导者们未能清楚地将公共新闻界定为一种新闻理念——这就需要诠释清楚公共新闻到底是一种新闻哲学、新闻理论，抑或仅仅是一系列新闻实践（参见科尔曼，1997；迈耶，1998；理查兹，2000）；另外一些批判者指责倡导者们未能清楚地说明公共新闻与传统

067 068 主流新闻之间的差异（参见利西滕贝格，1999；罗塞尔，2003；泽利泽，1999）。如第二章所述，还有一些人呼吁倡导者们为公共新闻发展出一种简明的“公共哲学”。

毫无疑问，公共新闻的学术及实践倡导者们未能清楚地将公共新闻界定为一种新闻理念。如第一章所述：尽管倡导者们提出了一些得到广泛讨论的观点，涉及新闻与民主的关系、新闻工作者该如何看待公众以及新闻工作者在公共生活中应扮演的角色，但这些观点本身并不能构成一种连贯的新闻哲学（或理论）。的确，在第二章中，我的主要目标是关注学者对简明公共哲学的呼吁，这种哲学可以指导具体目标的确定，激励特定实践的发展以帮助实现那些目标。

然而，倡导者们通过挑战传统主流新闻，至少已经含蓄地试图界定公共新闻了。如第一章所述，倡导者们对当下大选报道中存在的各种问题及日常新闻报道总是以社会精英为中心持有异议。此外，公共新闻的实践可帮助将其界定为一种新闻理念。如第一章概述、第三章具体阐释，实证研究文献表明，公共新闻作为一种新闻理念，主要有三个核心目标：（1）报道公民特别关注的问题（如更多得聚焦于存在的政策问题而非孤立的政治事件）；（2）从公民的视角来报道那些问题（如以更多公民为信息源，包括妇女和少数族裔在内）；（3）使公民参与解决实践中的问题（如为如何参与当地社区事务提供更多动员性信息）。因此，公共新闻处于一种不幸的境地，因为人们更多地根据它对传统主流媒介已有缺陷的挑战及其自身标新立异的、非主流式的行为来作出界

定，而非通过持续的学术努力将其界定为新闻哲学（或理论）。 068

## 类似某种宗教运动的公共新闻

大部分学术批判者认为公共新闻是一种善意的（如果说它还不成熟的话）新闻理念，与此相反，许多新闻批判者则主张公共新闻根本就不是新闻理念。诚然，新闻工作者经常借用宗教隐喻来描述公共新闻。一些新闻工作者声称公共新闻是一种“过时的宗教”（沃德，1996，p. 23），而另外一些则将其描述为“新闻界中最世俗的宗教”（谢泼德，1994，p. 29），“新时期的公民宗教”（霍伊特，1995，p. 30）或“企图让媒介从淫秽的闲言碎语散布者摇身变为貌似行善乐施的好人”（斯诺，1996，p. 13）。照此看来，公共新闻的“福音”（科恩，1995，p. 14；科里根，1999，p. 19；尤尔科维茨，1996，p. 17；谢泼德，1994，p. 28）、“福音书”（科里根，1999，p. 55）、“布道”（霍伊特，1996，p. 30）、“教义”（科里根，1999，p. 55）、“善意的十字军东征”（维拉诺，1996，p. 32 页）均出自很多“宗教文章”（科里根，1999，p. 74；斯特普，1996，p. 39）并“使用了大量的宗教文句”（霍伊特，1995，p. 32）。

同理，公共新闻的学术及实践倡导者们，尤其是杰伊·罗森和戴维斯·梅里特，被称为“传教士”（科里根，1999，p. 24）、“高级牧师”（科恩，1995，p. 14）、“说教者”（谢泼德，1994，p. 29）、“皈依者”

068 069 （肖，1999，p. 73）、“福音布道者”（科里根，1999，p. 27；杰曼，2000，p. A25；格拉柏森，1994，p. D6）、“公民十字军战士”（诺夫齐格，2000，p. B8；谢泼德，2000，p. 44；斯坦，1994，p. 15），而最常见的表述则是“导师”（科恩，1995，p. 14；科里根，1996，p. 15B；科里根，1999，p. 28；迪比松，1995，p. F2；奥布兰，1996，p. 8；勒瓦，1996，p. 8；谢泼德，1994，p. 29），他们参与了“福音巡演”（丹尼斯，1995，p. 48）、“十字军东征”（科里根，1999，p. 76）、甚至“圣战”（斯特普，1996，p. 38），呼吁新闻工作者进入“社区联结的应许之地”（霍伊特，1992，p. 47）或踏上“救赎之路”（科里根，1999，p. 12）。《美国新闻与世界报道》的前任主编詹姆斯·法洛斯是一个公共新闻的重要倡导者，被描述成一个为公共新闻“祈福”的“媒介牧师”（霍伊特，1996，p. 28－29）。

同理，公共新闻理念的践行者们被描述为“教友”（斯库贝，1999，p. 12L）、“信徒”（谢泼德，1994，p. 29）、“祭拜者”（尤尔科维茨，1996，p. 17）或“皈依者”（科里根，1996，p. 15B；科里根，1999，p. 19；尤尔科维茨，2000，p. F1），他们经历了“皈依”（科里根，1999，p. 74）并且为公共新闻“作证”（杰曼，2000，p. A25），同时以一种“宗教热情”（艾福伦，1997，p. 14）来保护他们的新闻实践活动。

尽管这些批评如此怪异，不值得予以认真反驳，但值得考虑的是新闻工作者为什么用如此强烈的措辞来批判公共新闻、倡导者们以及新闻

编辑室的从业人员。更重要的是，我们可以把这些批判看作是很多学 069
者——继贝内特、格雷塞特以及霍尔托姆（1985）的开创性研究之后——所说的“维护新闻边界”的典范（参见布拉迪什，2004；欣德曼，2005；鲁杰罗，2004）。也就是说，我们可以把这些批判看作是一种努力，力图把公共新闻的倡导者们，更具体地说，其编辑室从业人员排斥在合法新闻工作者的王国之外。在其他一些维护新闻边界的研究中，一些个体新闻工作者以及新闻机构偏离了被普遍接受的新闻规范与实践，新闻社群对它们作出了反抗。与此相反，公共新闻提出的挑战需要一种更加极端的回应。具体来讲，公共新闻主张新闻工作者应该从公民而非政府官员、专家以及其他社会名流的视角出发，报道公民关注的问题，这样，公共新闻对主流新闻工作者建立文化资本和权威的根基发出了挑战，即：接触精英信息源的特权。这也就解释了为什么有些新闻机构的新闻工作者强烈批判公共新闻，因为他们拥有接触国家或国际精英的特权，尤其是《纽约时报》与《华盛顿邮报》（参见弗兰克尔，1995；雷恩斯，1996；亚德利，1996）。

使用宗教隐喻来推动对公共新闻的批判也见于韦弗等人（2006）的调查，他们发现，只有36%的新闻工作者认为宗教或宗教信仰对他们非常重要，这一数据远远低于美国人口中约占61%的信徒数。也就是说，对于那些不仅以自己的唯理性观点，而且以非宗教（如果不是反宗教）思维习惯而自豪、献身于职业原则的新闻工作者而言，谴责公共新闻从业者被宗教狂热者所愚弄就等同剥夺了他们所有的专业自治及作

070 出专业判断的能力。具有讽刺意味的是，新闻工作者用宗教隐喻来批判公共新闻的做法忽视了主流职业意识形态/职业观的基础之一——客观性的理想，即宗教，如果不是这样的话，那他们至少也是以宗教信仰为基础的。如舒德森（1978，p. 6）所述，客观性这一理想是以“忠于事实，怀疑价值以及致力于隔离”为基础的。

## 公共新闻的商业背景

学术批判者及新闻批判者指责公共新闻倡导者们未能清楚地将公共新闻界定为一种新闻理念，怀疑公共新闻是否可以被当做一种新闻理念，除此之外，批判者还提出了对公共新闻商业背景的担忧。很多学者批评倡导者们忽视了商业媒介体系对公共新闻的潜在约束，更具体地说，他们拒绝承认：媒介所有者及广告商的商业利益可能限制了公共新闻促使公民广泛参与民主进程的能力，这是因为公共新闻为了迎合最引人注目的公民群体（从人口学角度来讲），然而他们所关注的并不一定是政治上最抢眼的议题（例如参见卡拉夫雷塞，2000；哈克特、赵，1998；伊格尔斯，1998）。一些学者声称，公共新闻强烈依赖皮尤新闻研究中心这种机构的财政支持，这就蒙蔽了公共新闻的经济依赖（参见库克，1998；格拉瑟、克拉夫特，1998；梅里尔、布利文斯、加迪，2002）。另外一些学者呼吁编辑个体、报道者的公众良知，认为新闻业的问题是修辞的而非结构的，这种做法既不能要求也不会激起新闻机构的商业逻辑发生任何根本性的变化（参见康普顿，2000；哈尔特，1999；马丁，2001）。还有一些更愤世嫉俗的学者，他们认为，公共新闻强调关注大众所关心的话题，这很可能导致报纸发行量的上升以及给媒介所有者和广告商带来更多利润（参见弗兰克，1998；麦克切斯尼，1999；理查兹，2000）。 071

对许多新闻工作者而言，公共新闻不仅可能增加报纸发行量，为媒介所有者和广告商创造利润，实际上，它也是管理部门蓄意采取的一种企业策略来增强这种商业关注（参见例如：格林伯格，1996；皮尔斯，1994；特雷西，2003）。很多新闻工作者认为，在践行公共新闻理念的新闻机构中，这种商业取向有可能迫使新闻工作者对他们的报道进行自我审查，以免冒犯听众，同时含蓄地触犯媒介所有者及广告商的利益（例如参见：卡拉迈，1995；霍伊特，1995；肖，1999）。

鉴于媒介所有者及广告商的目标是追求利润最大化，公共新闻的学术倡导者们的确忽视了商业媒介体系对公共新闻的潜在约束，更精确地讲，束缚了公共新闻进一步实现其目标的能力。相反，一些倡导者们都认为新闻机构应当具有商业基础这个先决条件。实际上，在关于此话题的几条简明陈述中，罗森（2000，p. 682）指出，作为一场开展在主流商业新闻媒介中的新闻改革运动，“公共新闻不是一场起义，也不是对现行结构力量的微弱反抗。它没有对美国媒介王国的商业政体提出挑战，也不能对其予以支持”。因此，倡导者们没有要求也没有试图激起新闻机构的商业逻辑发生任何根本性的变化，这一点是正确的。相反，

071 倡导者们认为，不完全推翻新闻机构的商业根基，同样可以挑战已经建立的新闻规范与实践。如罗森（1991，p. 268）所言，公共新闻认为“新闻的确可以不同……尽管有些政体允许私人所有制、职业观念中固有的意识形态、公共领域的通病存在”。有证据表明，关注民主与追求商业利益也许不和谐地共存于践行公共新闻理念的新闻机构之中。最值得注目的是，甘尼特报业集团，作为一个公共新闻的忠实拥护者，2004年发起了至今仍在进行的“真实生活，真实新闻”活动。这次运动的主要目的是通过个体新闻机构营销部门开展的读者调查来提高报纸发行量，增加利润，这次活动鼓励公司的新闻机构更多地强调新闻故事对读者日常生活的影响。公共新闻的焦点是鼓励公民参与协商并解决问题，与此相反，作为较大的、参与政治的公共团体的成员们，这次活动把受众看成是新闻的个体消费者，这些新闻对他们的个人生活有一定的影响（参见甘尼特报业网站 http：//www. gannet. com）。

然而，许多学者担心，商业法则并不一定会妨碍公共新闻机构促使公民更广泛地参与民主进程。这些新闻机构资助了数百个城市中（弗里德兰、尼科尔斯，2002）的社区协商论坛，同时，正如有关信息来源模式的研究所示，这些机构比主流新闻机构更多地以妇女和少数族裔作为信息来源（见第三章）。除此之外，还有证据表明，这些新闻机构让经济困窘的公民群体关注冷门政治话题。根据弗里德兰与尼科尔斯（2002）所言，迄今，在美国已经开展的600 多项公共新闻活动中，公共广播公司组织的除外（见第一章），其余活动几乎全部是由商业新闻机构开展的，其中的20%多都聚焦于种族、贫穷以及市内犯罪问题。072
公民的边缘群体（尤其是少数族裔）特别关注的问题包括酗酒、吸毒、儿童抚养、家庭暴力、健康关爱、无家可归、移民、公共住房、种族概况、失业及社会福利。因此，新闻机构已经花费了大量的资源，既有物质上的，也有象征意义上的，来解决最边缘公民群体的困境。这些几乎都不是广告商，或者更扩大些范围来说，媒介所有者所觊觎的公民群体。因此，有人担心新闻机构仅迎合最引人注目的公民群体（从人口学上来讲），其实恰恰相反，公共新闻活动并没有只满足有钱有势群体的利益，尽管那是对管理者而言最具吸引力的群体。

虽然皮尤新闻研究中心这种机构的确给公共新闻提供了经济资助，包括为有关种族、贫穷及市内犯罪等问题的运动提供资金（参见福特，1998，2001；克雷默，1997），最典型的多达12000至15000美元，但没有证据表明这些资助就足以支付所有的实际花销。其实研究表明，公共新闻活动的成本是很高的（参见卢米斯，1998；迈耶，1998；波特、柯皮尤斯，2000），然而，如前几章所述，若考虑到，这些活动比传统主流新闻更多地依赖于员工撰写故事、高成本调查、采访及公民焦点小组、详尽的视频短片及其他开销，前面的结论就不足为奇了。

广而言之，绝大部分公共新闻运动（90%）都聚焦于长期存在的、深深植根于社区的问题，而大选及其他一些更具报道价值的事件只占到了（10%）（见第一章）。这就表明新闻机构成功地避开了其商业倾向，即进行“主题式”（基于问题）而非“插曲式”（基于事件）的新闻报

072 073 道（例如参见：班内特，2006；延加，1991；帕特森，1993）。

到目前为止，来自已形成的160多个多媒体合伙企业（见第一章）的证据表明：商业新闻机构愿意超越狭隘的竞争议程。有人担心这种内部媒介联盟可能会使新闻报道均质化（参见科里根，1999；加特纳，1998；格兰姆斯，1999），而事实恰恰相反，研究表明，新闻机构互相协调，进行补充报道，而非重叠报道，使报道的范围及影响最大化（参见登顿、索尔森，1998；索尔森等，1997，1998）。

学者担心：公共新闻强调关注公众关心的话题，这有可能增加报纸发行量以及为媒介所有者及广告商创造利益。关于这一点，我当然希望实践公共新闻在经济层面是可行的，因为这有可能促使更多的新闻机构从事公共新闻（本章后半部分我再回到这个话题）。更确切地讲，问题的关键在于管理人员是否会以牺牲受众的民主需求为代价，以纯粹追求商业利益为目的接受公共新闻理念。

许多新闻工作者强烈谴责：公共新闻实质上是管理部门为了更好地服务媒介所有者及广告商的商业利益而采取的一项利润至上的策略；这种利润取向在践行公共新闻理念的新闻机构中，有可能迫使新闻工作者对他们的报道进行自我审查，以免冒犯公众。然而，这些批判并没有得到任何实证支持。有研究表明，很多公共新闻创新活动关注一些颇有争议的问题，如种族歧视、贫穷及市内犯罪等，这至少在一定程度上对自我审查的指控进行了反驳。研究还表明，高层管理者的公民态度是影响新闻机构践行公共新闻理念的重要因素之一。卢米斯与迈耶（2000）

对美国最大的 19 家国营报社开展了一次调查，结果发现：一些高层管 073 074
理人士更多地关注社会责任，而另一些更多地关注追求利润，前者所在的报社比后者更有可能践行公共新闻理念。因此，学者的这一担忧——呼吁个体编辑和报道者的公众良知并不会激起新闻机构的商业逻辑发生任何根本性变化——也许是有道理的。但是，卢米斯与迈耶（2000）的调查结果也表明：那些有公众良知的高层管理者能够，并且的确保证了新闻机构不仅仅受到利润的驱使。重要的是，新闻工作者声称：甘尼特和莱德骑士这种报业从事公共新闻主要是出于追求利润的考虑（参见霍伊特，1995；佩特诺，1996；维拉诺，1996），这一点也遭到了反驳。两家报社都关注社会责任胜过追求利润，然而，如前所述，甘尼特报业发起的“真实生活，真实新闻”活动以及对公共新闻的持续支持都表明，追求利润与社会责任也许不和谐地共存于个别的新闻机构中。然而，许多公共新闻活动颇具争议的本质（尤其是那些商业层面不受欢迎的公民群体所关注的冷门政治问题的活动），以及实践公共新闻的高成本都表明：最好将这些特定问题看作是对现代主流媒介的普遍批评而非公共新闻独有的弊病。

尽管这些谴责没有任何实证支持，但也值得考虑一下，比如声称公共新闻是一种宗教运动，但与学者相比，为什么新闻工作者提出的攻击更极端呢？最重要的是，可以将这些批判看作是新闻工作者无能的表现，他们没有能力去阻止，甚至去批判包括他们自己的新闻组织在内的越来越多的新闻业的企业殖民化。在这一重要方面，我们可以把公共新

074 075 闻看做是泽里泽（1992，p. 67）所说的“一次重大事件”，即与新闻业得以运行的商业机制相比，新闻工作者利用这一机会来“公开、挑战并商定他们的实践范围。”

研究表明，新闻媒介的利润取向、这种取向给专业自治及新闻报道质量带来的破坏性影响，使得新闻工作者开始担忧，如果不是悲痛的话，这种担忧在过去的15年中急剧增长，也正是在这个时候，公共新闻作为一种新闻改革运动诞生了。皮尤研究中心（1999）对全美550多名高层管理人员、中层编辑及普通记者进行了一项调查，结果表明：68%的编辑和75%记者担心新闻媒介的不断企业化，以各种企业和报社竞相购买个体新闻机构为证。他们认为，法团新闻媒介的利润取向导致了商业压力和经济压力的产生，这些压力正在破坏他们的专业自治，同时危及新闻报道的质量。65%的编辑和74%的记者宣称，这种压力迫使他们模糊新闻与娱乐的界限以迎合新闻听众。在随后针对美国200多名普通记者进行的调查中，皮尤研究中心（2000）发现，41%的受试者承认：企业所有者对要报道或强调的主题施加了强烈的影响，30%的受试者则承认是广告商对其施加了影响。也许最重要的是，这项调查还发现记者在很大程度上都愿意承认自我审查。36%的受试者为了避免损害企业所有者的商业利益、29%的受试者为了避免损害广告商的利益而忽视了有报道价值的新闻。有趣的是，在那些承认忽略了有报道价值新闻的记者中，出于上级指示而这样做的仅占19%。大部分记者（52%）决定对他们的报道进行自我审查，要么是因为自己，要么是基于上级的期望。最近，皮尤研究中心（2004）在一项针对约550名高层管理人员、中层编辑及普通记者进行的调查中发现，绝大部分被试者提及，新闻业目前面临的主要问题是：商业压力或经济压力以及不断滑坡的新闻报道质量。 075

这些研究结果与15年前的研究结果完全相反。1992年韦弗和威尔霍伊特（1996）对美国1500多名新闻工作者进行调查，结果表明：自1982年以来，新闻工作者的专业自治不断减弱。然而，52%的被试者将减弱的自治归咎于组织内部的约束，这其中只有9%的人提到新闻工作者优先追求利润是导致专业自治减弱的最重要的原因。与此相似，34%的被试者将减弱的自治归咎于来自组织外部的约束，但这其中仅有8%的人认为来自广告商的压力是最重要的原因。

这些统计数据表明，新闻工作者的批判不是源自于任何对公共新闻有理有据的评价，而是他们担心新闻媒介的利润取向会带来破坏性的影响。新闻工作者把自己定位成自治的专业人员，他们自己决定新闻报道的内容及形式，不受新闻之外的人物与因素的干预，争取满足新闻听众的利益，且要合乎逻辑。媒介所有者及广告商的商业关注就威胁到了新闻工作者的这一自我定位。新闻工作者既不能对他们的雇主（或未来的雇主）发起成功的攻击，当然也不能提出任何切实可行的选择方案或解决办法，只好拉公共新闻做替罪羊了。

076

## 公共新闻聚焦解决问题

学术批判者及新闻批判者不仅担心公共新闻在商业媒介体系内是否有能力实现自己的目标，同时，也争论这些目标的合理性，尤其是新闻工作者应该参与解决问题这一点。许多新闻工作者认为，他们唯一的职责是报道问题，他们所做的任何参与解决问题的努力都会被视为对其职责的放弃（例如参见：艾斯纳，1994；弗兰克尔，1995；格林伯格，1996）。另外一些新闻工作者担心，如果他们参与解决问题，就有可能逼迫他们在相对立的政治利益中作出选择，或者成为特定政治利益的倡导者，甚至屈从于占主导地位的政治利益，这将危及他们所秉持的政治中立（例如参见：伯德，1995；科恩，1995；罗森菲尔德，1995）。

尽管一些学者认为公共新闻聚焦于解决问题可能会使新闻工作者在占主导地位的政治利益面前易受屈服（参见克雷格，1996；霍奇斯，1997；瑞安，2001），但大部分学者都没有对解决问题这一观点本身进行探讨，而是指责倡导者们夸大了新闻工作者作为进步主义政治改革代言人的权力（参见祖尔，2002；盖尔，2000；曼奇尼，1997）。

毫无疑问，公共新闻直接关注解决问题，这就完全不同于传统主流新闻。然而，批判者对仅报道问题本身与努力参与解决问题所做的区分，范围更广一些，政治中立与政治拥护之间所做的区分是经不起推敲、站不住脚的。的确，我们从有关“新闻构成”（例如参见：安特

曼，1993；约翰逊－卡特，2004；里斯、甘迪、格兰特，2001）的大量 076 077
学术文献中学到的一点就是：没有完全中立的政治立场去选择问题和报道问题。新闻工作者总是从特定视角出发，运用特定信息来源报道特定问题，他们直接或间接地表明某些问题比另一些问题更急需受到公众关注，某些理解和处理问题的方式比另一些可能的方式更为恰当。换句话说，一些人认为新闻工作者可以秉持政治中立，这种说法既是虚假的也是达不到预期效果的。新闻报道必然需要以某种信息来源为视角，因此它是虚假的；假装中立只会使注意力偏离蕴藏在这些视角背后的某种政治利益，因此是达不到预期效果的。如前几章所述，公共新闻应该兼顾两方面。首先，它劝告新闻工作者公开承认引导他们报道的特定利益。其次，新闻工作者应该从公民视角而非社会精英视角报道公民关心的问题，挑战蕴藏在传统主流新闻中的利益。

尽管报道问题与解决问题、政治中立与政治拥护之间的区分在根本意义上是站不住脚的，但没有任何理由去担心：公共新闻的实践方式会迫使新闻工作者在更直接更实际的意义上公开拥护某种政治利益。的确，新闻工作者既没有对既定问题给出解决方案，也没有支持那些政治表演者的解决方案，只是资助了公民协商论坛，鼓励公民更多地参与当地社区事务，加入当地公民组织；同时，作为大选运动的一部分，新闻工作者给公民提供机会对候选人提问，咨询他们准备如何解决既定问题。在这一重要方面，政治拥护的批评更直接地指向我所提的公共哲学而非公共新闻的实践。如第二章所述，为了推动社会平等，新闻工作者

077 078 不仅要拥护自己的具体政治提议，支持相关政治家和政府候选人的提议，而且还要与那些试图实现特定政治目的的特殊利益团体积极合作。然而，这种政治上比较激进的解决问题的方法不会迫使新闻工作者屈从居于主导地位的政治利益。相反，它将要求新闻工作者仔细审查所有的政治利益，揭露并谴责那些议程与促进社会平等首要目标不一致的内容。然而，很多时候，面对互相冲突的政治利益，新闻工作者不得不表明自己的立场。诚然，新闻工作者不仅应该确保帮助公民的最边缘群体表露出他们的关注问题，让他们的心声得到倾诉，而且应该提出他们自己所关注的问题。

我不赞同新闻工作者能够并且应该试图秉持政治中立这一观点。但是，我完全赞同学者们的观点，即：新闻工作者不应该认为新闻业只是众多重要政治机构中的一个，以此来夸大他们作为进步主义政治改革代言人的权力。尽管新闻工作者可以通过某些方式来促进政治改革，这些方式包括：资助公民协商、向公民协商汇报、鼓励公民继续协商、遵照公民或政治组织的讨论结果行事、拥护他们自己的政治提议、支持特殊利益群体的提议、给相关政府官员施加压力；但是，他们不能确保这三点：长时间支持公民协商、实施特定的公民方案、政府官员贯彻执行实践中的某些政治提议。

## 公共新闻使用民意测验和协商论坛

最后但并非最不重要的一点是，为了实现目标，践行公共新闻理念的新闻编辑采用民意测验（去发现公民关注的问题）与协商论坛的手段，如圆桌会议、社区论坛、市政会议（为了给公民提供参与讨论问题的机会），这引起了一大批学术批判者的忧虑。一些学者认为，民意测验的使用与公共新闻理念背道而驰。具体来讲，把民意等同于个人意见的总和，公民没有机会公开吐露他们的观点并使其合理化，这样，民意测验只是度量了个人意见而非公众意见，强调民意的个性而非共性（见格拉瑟、克拉夫特，1998；海基拉、库内柳斯，1996；伊格尔斯，1998）。 078 079

迄今开展的600 多项公共新闻创新活动中（见弗里德兰、尼科尔斯，2002），大约三分之一采用了民意测验的方法，我当然认同：用这种手段发现公民的关注是很有弊端的。的确，民意测验要求公民对提前确定好的问题作出回答，却不允许他们互相讨论彼此的观点以及支持那些观点的深层原因，这有悖于“协商公众”的理念——受众共同参与协商过程（见第二章）。进一步而言，当公众有机会用自己的语言，通过与他人的互动，充分表达他们的关注时，民意测验并未给新闻工作者提供真正的机会去了解公民的所思所想，只是让他们就一些问题对公民的立场有了点肤浅的认识，而他们早就察觉到这有可能就是公民关注的问题。在这一重要方面，民意测验的使用也有悖于第二章讨论过的观点，即在设定新闻媒介议程的过程中，公民的角色应该是真正的伙伴。实际上，民意测验只是让公民对新闻工作者已经确定好的议程作出回应，而非独立地（并且公开地）形成他们自己的议程。

079 这样，为了就特定问题更加容易地展开公众协商，也为了决定公众会将哪些问题放在协商的首位，似乎最可行的办法就是使用协商论坛，如圆桌会议、社区论坛以及市政会议，然而，如前所述，学者对这些论坛产生了顾虑，他们认为这种方法使那些有充裕的时间、掌握某些技巧的公民拥有了参与特权（参见保利，1999；彼德斯，1999；施罗尔，1999）。

当然，一种可行方案就是彻底终止协商论坛，仅仅鼓励公民在现有的公民及政治组织中开展协商。这样新闻工作者的义务就仅仅是促使公民积极参与民主进程，而非为此提供便利。更重要的是，新闻工作者根本无法发现公民普遍关注的问题。我认为，在缺乏其他可行选择的情况下，最佳选择就是努力使目前正在使用的协商论坛尽可能地具有开放性和包容性，避免部分参与者具有特权。新闻工作者提供各种物质刺激和/或象征激励使公民（尤其是边缘群体成员）参与协商——从经济补偿到承诺报道协商结果——如第二章所述，除此之外，他们还可以想方设法让边缘群体表达他们的关注，并使这些心声得以倾听，这些办法包括：给所有参与者提供共同的论述空间之前，首先给不同社会群体成员提供单独的论述空间，此外，新闻工作者要避免使特定商议话题及模式享有特权。

## 加强编辑部对公共新闻的参与

对公共新闻最重要的批判进行了归纳、分析、回应后，我们有必要简单地考虑一下倡导者们该如何使管理者、编辑及普通记者更加信服公共新闻的效用。尽管无数的电视及广播电台以及大约五分之一的美国日报都已经体验了公共新闻，但正如前面分析的那些批判观点所表明的，更多的新闻机构对公共新闻持怀疑或敌对态度。 079 080

显然，倡导者们需要更加清楚地界定公共新闻的内涵与外延，以及与传统主流新闻的不同；倡导者们还需要更加明确公共新闻的政治目的是如何与管理者的商业关注相联系的。实际上，也许支持公共新闻的最强有力的观点是：那些目标与关注应该是互相补充而非互相排斥的。如第三章所述，研究表明：公民，尤其是边缘群体成员，希望新闻工作者能够资助协商论坛——他们参与商议的场所，并报道解决问题的可能性方案。简单来讲，通过从事公共新闻，管理者不仅可以帮助公民进一步实现其民主需求，而且很有可能提高报纸发行量（尤其是在边缘群体成员中），从而增加媒介所有者及广告商的利润。高层管理者的公民态度可以影响新闻组织从事公共新闻，发现这一点的确是振奋人心的，但是期望所有的，抑或是绝大部分高层管理者仅仅出于社会责任而献身公共新闻是不现实的。因此，指出社会责任和追求利润实际上可能是互补的，这足以促使更多的新闻机构践行公共新闻。

如果让管理者信服公共新闻的政治及经济可行性是重要的，那么关注编辑及普通记者的各种各样的反对则是同等重要的。毕竟，他们最终承担着特定公共新闻活动的设计及实施。这里，倡导者们可能会面对更严峻的挑战。如前所述，很多新闻工作者——如果不是等同的话——继

080 081 续把公共新闻与当代新闻业中最糟糕的趋势联系在一起，尤其是过分追求利润、专业自治感减弱、新闻报道质量不断滑坡。那么所面临的挑战就是使新闻工作者相信，他们对公共新闻的不信任与其说是对公共新闻的一个合理评价，不如说是他们对不断增加的新闻业企业殖民化的焦虑。诚然，我们可以得出这样一个论点：通过从事公共新闻，新闻工作者在服务进步的政治改革方面，能更好地利用他们所拥有的任何专业自治，同时，在改革过程中，他们可以生产出对公民更有意义的新闻报道。

# 第五章　公共新闻中的公众与精英角色

正如前几章讨论的那样，如果公共新闻的核心宗旨之一是新闻工作者应当把他们的报道集中在公众关心的问题上，并且从公众的角度，而不是从政府官员、专家与其他社会精英的角度出发这么做，那么这些新闻工作者在实践中又是怎么把公众和精英的角度糅合在一起呢？第三章中，我展示了在消息源模式研究中所得出的结果不统一的结论。一方面，许多研究显示，公共新闻机构比主流媒体更关注普通人，包括妇女和少数族裔，把他们作为信息来源。但当考虑整体消息来源模式的时候，结果却难

083 084 以确定。一些调查显示新闻机构对大众说法的引用多于精英说法，一些显示两者的数量相等，而另一些的结论则相反。

在这一章，我将通过讨论一个最广受赞誉，也最持久的公共新闻创新活动来对消息源模式进行分析。即《阿克伦烽火报》为赢得普利策奖而发起的关于种族问题的“肤色问题”行动。我们从这次行动探讨它怎样把公众和精英作为探讨阿克伦面临的各种种族问题的消息源。这一行动本身持续了不到一年，但通过其建立起来的“一起来行动”这一基层组织使其解决问题的努力一直持续至今，这个组织就是为了保证在行动结束时还能持久地改善阿克伦的种族关系。尽管“肤色问题”行动是我分析的焦点，但我也会对其他关于种族关系的主要公共新闻活动给予相关平行的关注。

在对“肤色问题”行动做一个简单的综述之后，我总结了消息源定量内容分析的结果。结果显示，媒体不仅对大众说法的引用大于精英的总和，而且更多地让民众直接与读者对话。接下来，在我为公共新闻提出的公共哲学角度下，我对这次行动做了批评性文本分析。跟定量内容分析的结果相反，精英占有更大的关注度，媒体对精英们有关种族不平等等各种问题的起因和结果的个人思考引用的更多，而在这方面，公众的权利则受到很大限制。因此从方法论的角度出发，本章为了得到新闻机构消息源模式的准确数据，定量内容分析应该以数据文本分析为补充。讨论之后，我描述了《阿克伦烽火报》为激发民众去解决活动中考察的问题而采取的各种做法，再用我提出的公共哲学建议《阿克伦烽火报》本应做得更深入更好一点。最后本章以分析《阿克伦烽火报》试图创设关于种族报道批判性的公共领域为结尾。 084 085

## “肤色问题”行动

1993 年二月下旬，《阿克伦烽火报》发起了一场持续 10 个月的被称为“肤色问题”的公共新闻行动。这项行动以公共服务新闻的形式在 1994 年被授予了普利策奖，它包括分五期刊出的 30 篇文章。受 1992 年种族残害罗德尼·金事件以及而后爆发的洛杉矶骚动的触动，其初期的目的是考察阿克伦面临的种族问题，黑人和白人之间的种族问题已经困扰这个城市多年了。最初的目的是考察种族问题，但自第二期开始，《阿克伦烽火报》决定拓宽范围。正如后面我要仔细讲到的，《阿克伦烽火报》试图让民众参与进来，并提出切实可行的改善种族关系的办法，并帮助建立了一个名为“一起来行动”的基层公民组织，这个机构今天仍然存在。像《阿克伦烽火报》一样，其他新闻机构也扩大了它们的活动范围。比如，在 1996 年“通过棱柱体”种族关系行动的中途，加利福尼亚州里弗赛德的《新闻界》也把其注意力投向问题的解决办法上。但与《阿克伦烽火报》不同的是，《新闻界》把其内容限定在介绍别的城市的民众对同样问题的解答之上。（福特，2001）

在发起行动的文章中，《阿克伦烽火报》注意到要探求“（种族问题）在阿克隆坎顿地区对生活的影响……黑人和白人怎样看待自己和对

085 086 方，以及他们的异同”（“种族：大分裂”，1993，p. A1）。为达此目的，《阿克伦烽火报》用了时下最流行的信息搜集工具，如：电话调查、深度访谈和焦点小组访谈等。

首先，《阿克伦烽火报》电话采访了阿克伦调查研究中心大学的老师以确定民众关注的问题。结果五个问题得以确定：犯罪、司法公平、教育、就业和住房。这些问题也成了后来五期内容的焦点。接下来，《阿克伦烽火报》安排了两组局外协调人分别引导那些针对相关问题的黑人和白人焦点小组。每个问题对应三组人：一组都是黑人，一组都是白人，第三组是前面这两组人的相加总和。最后《阿克伦烽火报》就每个问题都安排了对精英人群的深度访谈，包括政府官员（值得注意的是，这些人里有市政委员会以及教育委员会的成员，还有城市规划者、法官、追诉者和警察）和专家（其中包括研究黑人、经济、法律、政治、社会工作和社会学等领域的专家）。与《阿克伦烽火报》一样，其他新闻机构也使用了电话调查、深入采访和焦点访谈小组来引导自己的种族报道，其中有《夏洛特观察者报》（“肩并肩”，1997）、《辛辛那提问询报》（“相邻而居”，2001）、《哥伦布电讯报》（“肤色裂口”，1999）、《旧金山纪事报》（“关于种族”，1998）以及《圣保罗先驱者报》（“明尼苏达州的新面孔”，2000）（参见福特，2001）。

《阿克伦烽火报》的信息搜集方法很明显与行业宗旨是一致的，或者更具体地说，与我提出的公共哲学是一致的。确实，《阿克伦烽火报》不仅把重点放在民众关注的问题上，而且根据焦点小组的结论为其

后的精英采访设置日程，这样，是民众设置了整个框架而不只是对既定 086 087
框架的反应。也许，最重要的是，在把所有的参与者整合起来之前，先设置黑人和白人各自的焦点访谈小组，这样《阿克伦烽火报》便设置了多元空间，在其中主导群（例如白人）和附属群（例如黑人）可以在共同商讨之前先各自细究其特别关切的问题。

## 消息源模式的定量内容分析

如果说《阿克伦烽火报》不遗余力地去诱导公众的观点的话，那么也可以说它在不同的文章中同样努力地糅合了他们的观点。为了分析“肤色问题”行动中对民众和精英作为消息源的使用情况，我做了对以“来源主导”和“来源突出”两种应用最为广泛的消息源模式的定量内容分析。与斯坦普尔和卡伯特森（1984）一样，我把来源主导用来源数量和出现的频率来表现，把来源突出用全部引用和部分引用的行数来表现。因为整个行动由 30 篇文章构成，我分析了全部文章，而不是以个别文章作为例子。表 5.1 是结果总结：

**表 5.1 “肤色问题”行动的消息源模式**

| | 源数量 | 提及率 | 全引用 | 部分引用/转述 |
|---|---|---|---|---|
| 公众 | 103 | 477 | 1211 | 369 |
| 政府官员 | 40 | 206 | 288 | 443 |
| 专家 | 23 | 117 | 155 | 174 |
| 总计 | 166 | 800 | 1654 | 986 |

087 结果显示，“肤色问题”行动在引用了许多公众和精英观点的同时，对公众的引用明显增多。确实，结果不仅显示对民众的引用率大于政府官员和专家的总和（如来源主导），同时公众的观点更易以全部引用的方式出现，而不是以部分引用的观点出现（如来源突出）。公众、政府官员和专家的所占比率分别为3.28、0.65和0.90。另外，公众的观点倾向于以直接引述的方式出现，而政府官员和专家的话则更倾向于以转述的方式出现。

## 公众和精英证言的分歧

尽管《阿克伦烽火报》在信息搜集和报道阶段力图提高公众的相对地位，“肤色问题”行动在为公众和精英探讨创设真正的公共领域上是不够成功的。这点在用公众和精英的证言来说明调查的不同问题时变得较为明显。在最一般化的层面上，“肤色问题”行动并没有促成一个真正的协商公众（见第二章）。它没有为公众和精英提供机会来研讨考查的问题，并且还实际上使他们的证言产生了分歧。尽管那些文章散置了公众和精英的证言，他们只是论及不同的话题。整体来说，文章在说明问题时只是引用了公众具体的个人经历，而对于精英，则更多是他们对种族不平等的原因和后果的思考。

这样一来，“肤色问题”行动不是为公众和精英的探讨创造了真正的公共领域，而是培育了两个分开的争议领域，古德奈特（1981）称之为

"个人领域"和"技术领域"，两者分属不同的认识论和话语模式。简言之，公众只是谈了个人经历中的具体种族歧视事件，而精英更多谈论的则是他们对种族不平等的原因和后果不受个人影响的思考以及实验的研究。 087 088

我们没有针对公共新闻创新活动（如果没有更好的术语的话）是否常有意使公众证言个人化，而使精英证言一般化的调查研究；但有证据显示公众证言的个人化已经变成了一些广受赞誉的媒体活动的明显特征。最为著名的是，在对《威奇托鹰报》的"人民计划"的研究里，里德（1995）发现"实际上每个故事以对一个公民的引用或用其一段经历开始，而引用目的则是最终给那个议题打上一个个性化的标记。"

## 公众证言的个性化体现

社会问题的个性化，或者"通过个体描述呈现社会生活"的叙事技巧（帕里西，1998，p. 236）或许可以反向转化而使它不显得那么个人化，但这种叙事技巧还是存在一些问题。首先，叙述公众关于种族问题的个人经历，而不是从一个更宽的角度展现其对种族相关社会不平等问题的深度思考，"肤色问题"行动显得把公众置于社会问题的客体位置而不是把个体经历融进社会大背景的主体位置，这样一来，"肤色问题"行动对公众证言的个性化以及把公众关切的问题放在第一位的行业宗旨背道而驰。这种说法不是说《阿克伦烽火报》不是为公众提供机

088 089 会详尽地复述他们种族歧视的经历，而是说应该把公众置于积极参与讨论的位置上。对更宽泛的与种族相关的社会不平等问题进行讨论，《阿克伦烽火报》本该给他们提供参加讨论的机会。

而且公众证言的个性化与《阿克伦烽火报》自己确定的让读者认识种族问题对阿克伦不同阶层的影响的目标同样背道而驰。我们来考虑下面一个例子。在一篇报道黑人焦点小组参与者的种族歧视经历的文章里，一个参与者说了下面的事：

> "如果有人怀疑种族主义的存在，只需听一下前几天我丈夫的工作经历，"一个有两个孩子的中年母亲说着，并举起她的手似乎是要证明其所说的事情的真实性。她要求匿名，因为怕她的丈夫遭到打击报复。女人说，一个和她丈夫一起工作的白人因为错过了一次提升而非常愤怒，而这次提升机会为一个黑人同行所得。这位白人显然认为黑人不应和他在一个档次上。因此，她说，"这家伙参加了三 K 党"，只为了他的白人上司能偏向他。"他们让他休假两天以便能够平静下来，但如果换成黑人的话就非开除不可了。"她说完后显得愤愤不平（钱塞勒，1993，p. A7）。

这种情况以及无数其他类似的问题并没有让读者弄明白种族和其他社会类别，尤其是阶层与性别之间的关系（见第二章），也没有提供这个事件发生的特殊场合的背景信息。它是发生在一个大工厂的车间呢？还是在一家著名的律师事务所的高级套房？而如果作恶者或者受害者是

女性的话，那么这些管理者会有同样的举动吗？ 089 090

这样，通过挑战已经形成的对公共利益与私人利益的区分，通过考察工作场合（如“经济隐私”）以及家庭内的（如“家庭隐私”）种族主义实例（见第二章），《阿克伦烽火报》很深入地探讨了白人和黑人的种族歧视经历是怎样的不同，但它没有能对这些经历是怎样受到其他社会因素的影响做出解释，尤其是受到社会阶层和性别因素的影响。这些互动的主体地位本可能在焦点小组讨论时从民众的嘴里说出，但记者们以为它们没有趣味或不相干而把它们忽略了。

考虑到《阿克伦烽火报》引用的数据显示黑人被作为一个整体隔离，尤其是低收入黑人妇女最易成为牺牲品（参见柯克西、霍利、佩因特，1993），忽视种族、阶层和性别之间的相互影响关系，如果不是令人震惊的话，至少也是让人惊奇的。同样《阿克伦烽火报》说它极其细致地选择了焦点小组来代表多样人群的说法也显得没有多大意义（参见“焦点小组”，1993），因为根据对他们的工作描述以及所提到的名字来看，多数都是中产阶级男人。

“肤色问题”行动从来也没有提及阶层的问题，而种族与性别的相互影响只是略略带过。在一篇文章中，黑人焦点小组讨论了为什么黑人的受审率比白人高，文章写到：

> 当讨论组辩论是否不成比例的黑人被逮捕的数字源自有意针对黑人时，（帕蒂·康纳斯，一个焦点小组的参加者）不情愿地问：“我到底在

090 091 干吗啊?”康纳斯认为着手解决这个和其他问题首先要求人们摘掉面具。“黑人和白人在司法中确实是被同等对待的吗?”她问,“不,我认为不是。”然后,她又说,司法对妇女也一样的不平等。“这个国家是由白人中产阶级统治的,”她说,“如果你不适应,你就会被利用、滥用要不就是被踢出局,对女性也存在同样的情况。”(洛夫,1993,p. A5)

具有讽刺意味的是,“肤色问题”行动公众证言的个性化不代表对传统新闻的挑战,而是恰恰相反。主流新闻将公共事务报道个性化,如在选举中的典型表现,更多关注于政客和准官员的个人特征和私生活,而不是相关的政治议题(参见班内特,2006)。“肤色问题”行动同样对它的对象进行了个性化报道,即让参加者复述与种族主义相关的个人经历而不是给他们对种族的社会不平等问题的思考开放空间。这样,跟公共新闻的普遍做法不同(参见第三章),这个行动的个人化叙述技巧导向了“插曲”式报道,而不是“主题”式报道。插曲式报道是有问题的,延加(1991)辩解说,因为这让听众难以理解表面上看来互不相干的因素是怎样联系在一起,以及更加宽泛的社会、政治和经济力量是怎样影响这些事件的。

根据我提出的公共哲学,《阿克伦烽火报》应当有几件事本该做得不同,做得更好。首先,不要仅仅叙述公众的个人种族歧视经历,而应该提供机会让公众详细谈论种族之外的其他社会因素怎样影响了他们特别的种族歧视经历。《阿克伦烽火报》可以在焦点群众讨论中这样做。

第二，相应的，应该让民众把他们的种族歧视经历置于具体的社会情境 091
以及社会种族不平等的大背景下考虑。在焦点小组讨论期间，《阿克伦烽火报》可以这么做，而在结论性的文章中不刊出。最后，同样重要的是，《阿克伦烽火报》应当尝试多样的方案设计，如可以像《科罗拉多斯普林斯公报》（参见第一章）做的那样，一篇文章有多个版本，而每一版有其独特的角度（按种族、阶层、性别以及其他一些可能的维度）。

《阿克伦烽火报》没有设计一篇文章的多个版本，而是做了另外的尝试，如把考察问题设计成“开放的问题”而非“封闭的答案”。试看以下例子：

在一篇考察阿克伦教育系统的潜在种族隔离行为的文章中，在讨论了为什么白人学生得到的平均分高于黑人孩子之后，记者提出了如下的问题：

> 什么时候“C”反映了教授的种族主义，又是什么时候“C”只是实际表现的反映？谁说了算？谁决定黑人在西方文明演进中所扮演的角色？如果历史学家认为他的作用是极小的，那是因为他是种族主义者吗？还是历史就是这样？如果所有的或者大多数历史学家是白人的话结果又会怎样？（柯克西、詹金斯、佩因特，1993）

同样，在一篇考察阿克伦雇工行为中潜在的种族隔离行为的文章中，在讨论了为什么黑人的失业率高于白人后，记者设计了如下的问题：

092 在多大程度上，种族偏见可以算作造成黑人经济状况糟糕的一个原因？只要白人控制这个地区或者国家的经济命脉，黑人就注定是二等公民吗？在多大程度上，经济的发展机遇和繁荣是一个肤色问题；多大程度上又是一个冷酷的资本主义问题？（坎农、诺德、佩因特，1993，p. A14）

《阿克伦烽火报》对开放问题的使用在两方面是值得注意的。首先，教育和就业中潜在的种族隔离是一个非常复杂而从一个权威的角度难以说清楚的问题，这样的问题可以触发读者从多个视角去考虑这些做法，而不是仅仅从“白”的或者“黑”的角度去考虑。在这种意义上，使用开放问题可以激发读者思考，如在第二章所讨论的被哈贝马斯（1990，1993）称为“扮演理想角色”或者“进行换位思考”的做法——考虑到其他人的观点，而不是把自己的观点看做是一个无可争议的标准。第二，这种方法的意义在于这样的事实，即鼓励读者进入和别人——如果在不同种族之间则更好——的实际对话，以加深他们的体验。

概括地说，《阿克伦烽火报》可以被看做是联合了公共话语的对话和商讨模式（见第二章）。具体地说，《阿克伦烽火报》运用了公共话语的对话模式作商讨，在反馈给白人和黑人的焦点小组时保留了来来往往的争论，而不是仅用他们自己的话做总结。同样，《阿克伦烽火报》也运用了公共话语的商讨模式作为对话，把许多考察的问题设成开放问题，并鼓励民众在和别人的实际对话中进一步讨论这些问题。

092
093

## 精英证言的一般化

如果说《阿克伦烽火报》对公众证言的大量使用有一定的价值，那么它对精英证言的使用，尤其是对种族问题专家的证言的使用则是不无问题的。首先，值得注意的是，专家的许多关于与种族相关的社会不平等的证言是无确实根据的，而不是实证研究的结果。贯穿整个“肤色问题”行动的是，《阿克伦烽火报》引用了许多专家的观点，主要是关于为什么种族不平等与犯罪、司法公平、教育、就业和住房有关系，尽管有严厉的反种族隔离法存在。第二，《阿克伦烽火报》确实引用了对种族不公平做实证研究的专家的话，但这些实证研究确实与阿克伦没有直接的关系。而是，专家的话被用来对别的城市的研究得出的结论作一般化的处理。但这些研究结果是否适应阿克伦的情况是很有问题的。在一些情况下它们与《阿克伦烽火报》自己的统计数据有矛盾；在另一些情况下，《阿克伦烽火报》自己的统计数据显示阿克伦具有与众不同，甚至可能更为严重的问题。考虑下面两例：

一篇文章考查了造成阿克伦黑人和白人收入差距的原因，坎农等（1993）引用了约翰·卡萨达教授，一位北卡罗来纳州大学的经济学家做的研究。约翰·卡萨达教授关于洛杉矶的研究显示，与其他少数族裔相比，尤其与华人相比，黑人消费者很少光顾黑人经营的店铺。但与约翰·卡萨达教授的研究不同的是，《阿克伦烽火报》提供的数据显示阿

093 094 克伦的黑人和白人收入差距与所谓的“黑人团结”的缺乏没有多大关系，而主要与黑人企业由于普遍的种族歧视而贷不到款有关系。

同样，一篇文章写了在阿克伦的公共学校为什么白人孩子的表现超过了黑人孩子，柯克西等（1993）引用了贾旺扎·昆基弗教授，一位芝加哥大学的社会学家，在全国范围内做的研究。昆基弗的研究显示：黑人和白人的教育差距的部分原因是白人孩子比黑人孩子在学习上花了更多的时间。如昆基弗所说，“在许多黑人孩子之间，不好好学习的行为在一定意义上，变成了一种美德——之所以成为黑人的标志”（p. A13）。而《阿克伦烽火报》没有引用阿克伦孩子学习习惯的数据，这里很可能还有经济原因存在。《阿克伦烽火报》的统计数字还特意显示阿克伦的社区日益增加的种族隔离损坏了为特别贫困的黑人社区进行公共财物资助的纳税基础。就如记者自己的评论，“不管是否是有意为之，在‘公共’财政基金的作用发挥上，这里明显存在一个偏好白人子女并暗含种族歧视的体系”（p. A12）。

我们不好确定为什么《阿克伦烽火报》没有引用那位对阿克伦特别种族问题做实证研究的专家的话，值得注意的是，被引用的专家也很少来自阿克伦。确实，在提到的23名专家中，只有5名是和阿克伦的高等教育机构联系在一起的（阿克伦大学）。考虑到整个活动是建立在阿克伦调查研究中心的大学老师所做的电话调查基础之上，这点如果不算很奇怪的话，至少也是令人惊奇的。

094
095

## 寻求解决途径

前面已经提到，“肤色问题”行动的最初目标只是考察阿克伦所面临的种族问题，但到第二期的时候，发生了临时的转向。考虑到初期公众关注少的局面，如一个负责这次活动的编辑戴尔·艾伦详述的那样，应该“为那些想要积极提供问题解决方案的读者构建一个平台”（引自梅里特，1998，p. 99）。在宣布扩大活动范围的文章中（参见多森与艾伦，1993），《阿克伦烽火报》承诺“在改善种族关系的过程中”（p. A1）帮助地方组织。鼓励地方公民组织的代表主动联系报社，如果他们对“能够朝向共同目标而努力的多种族伙伴关系”感兴趣的话（p. A11）。《阿克伦烽火报》雇用了两个帮手，一个白人退休部长与一个黑人退休校长，就“共同兴趣”与地方组织联络（p. A1）。之后，马上就有超过200个地方组织的代表跟报社联系。同时，《阿克伦烽火报》刊出了许多为读者解决实际种族问题而提供办法的文章（例如参见：诺克斯、坎农、佩因特，1993；麦凯尼、艾伦、佩因特，1993；奥特洛、哈里斯、佩因特，1993）。

而后在1995年，《阿克伦烽火报》帮助建立了一些新的公民组织来协调这些零散的组织。这里至今还在发挥作用的“一起来行动”的组织发起了各种各样的活动，让更多的人参加到活动中来，包括种族问题演讲、跨种族学生集会以及一年一度的“联合游行”等。当1997年克林顿总统选择在阿克伦举行他的第一次种族问题市政厅会议并说明他的

095 选择原因是这个活动时，“一起来行动”组织获得了全国性的关注。

在宣传报道与实际活动方面，《阿克伦烽火报》都力图促进问题的解决，这一点应该得到表扬，不过我们也有理由对其促成问题的解决所采用的方法，以及鼓励民众参与其中的具体形式提出一些质疑。一般而言，《阿克伦烽火报》解决问题的努力是建立在一个有问题的假设上，那就是“种族问题”的根源是交流的缺乏，而增进种族间交往的机会就会给共同的问题提供双方都满意的解决。而所谓“双方都满意”的解决问题的途径实际上是忽视了白人与黑人在种族主义经历上的差异性的，同时他们对种族问题的观点也大不相同，尽管如前面所说，市民的声音还没得到完全的表达。

按照我提出的公共哲学，《阿克伦烽火报》或许可以采用“争执”的方法把隐藏的深层兴趣与角度上的分歧彻底暴露，从而在其所发挥的公共新闻与社会功能上表现得更好一点。《阿克伦烽火报》可以在让白人和黑人一起研讨之前，首先给他们各自分开的空间先各自进行商讨。这样便可以给黑人一个充分表达自己观点的空间。具体来说，《阿克伦烽火报》可以根据小规模的焦点小组的讨论而组织更大规模的圆桌会议，可以为白人和黑人民众分别提供就其特殊性设计的平台，从而让其发出自己特别的声音。而且，《阿克伦烽火报》也应该让白人和黑人反思，关于种族问题的个人意识是怎样影响他们对问题的解决办法以及对此类活动的参与能力。《阿克伦烽火报》曾报道，阿克伦的黑人30%生活在贫穷线下，而白人只有8%生活在贫穷线下（参见柯克西、霍利、

佩因特，1993）。让挣扎在生存线上的黑人以和白人同样的让步来达到所谓的意见一致，这公平吗？ 096 097

而且，《阿克伦烽火报》本该为民众的介入提供更加宽泛的形式。且看下面的事实。在“肤色问题”行动邻近结尾时，《阿克伦烽火报》刊出了一篇题为“暴力的囚徒”的重要文章（哈里斯、奥特洛、佩因特，1993），其中考察了为什么在阿克伦地区黑人比白人的犯罪率高。这篇文章引用的数据显示，普遍的犯罪与特定社区居民的社会经济状况有关系。黑人的高犯罪率往往在贫穷的黑人社区比富有的白人社区更多发生。而且《阿克伦烽火报》随附两篇小文章给读者怎样避免成为受害者以建议。

首先，在一篇题为“让你的家安全”（1993）的文章里，《阿克伦烽火报》援引阿克伦警察局的说法说明该怎样对付潜在的闯入者。其次，在一篇题为“不要忘了值夜”（1993）的文章里，《阿克伦烽火报》为怎样组织居民协防提出了建议。这些附文在以下几点上值得一说。首先，这些建议很难说可以真正解决犯罪问题。确实，它们只是在一定程度上阻止犯罪的发生。其次，这些建议有赖于个人介入或者团体介入。然而没有建议提出还需要更全面、更深入的介入。如果正如《阿克伦烽火报》的调查所显示的那样，犯罪的盛行与社会经济状况相关的话，那么，很显然政府有必要采取一些措施以激励黑人接受教育，从而提高他们的收入水平。

这个《阿克伦烽火报》对有关问题调查的不够深入与它鼓励民众参与解决问题的企图之间所存在的不和谐在“一起来行动”中亦有所体现。

097 098 考虑到《阿克伦烽火报》对为什么白人学生表现更好一些的问题设计，《阿克伦烽火报》自己的调查也显示出不断增加的种族间的隔阂也日益损害了对贫穷的黑人社区进行援助的公共财政的基础。但“一起来行动”不是致力于这个问题的解决，而只是白人和黑人孩子坐到一起来讨论种族问题。然而，问题不在于白人和黑人孩子之间缺乏共同的理解，而主要是教育机会的不平等。这样，“一起来行动”并没有从根本上解决问题。确实，“一起来行动”与《阿克伦烽火报》并没有从根源上对造成特定群体不平等的政治体系的问题进行反思，对政治体系的故障视而不见。令人惊奇的是，观察家对“一起来行动”的问题方面的忽视也反衬出克林顿总统在阿克伦的第一次种族问题市政厅会议上所表达出的关切：

> （“一起来行动”）怎样得出种族歧视在工厂和学校中少，或者在互相帮助以完成学业和工作的人群中少？你能不能告诉我它还做了什么，而不仅是让人们有一时一刻的舒心？（克林顿，1997，p. 1959）

《阿克伦烽火报》这个有问题的问题解决途径在其他公共新闻中亦有所反应。跟《阿克伦烽火报》一样，许多其他公共新闻也只是鼓励民众改善个人间的种族关系，而不是解决深层的、体制性的问题，如鼓励读者形成良好的种族间的友谊（《萨克拉门托蜂报》在 1999 报道的“融洽相处”）以及不同的民族间更广泛地社会化（《亚基马使者共和报》在 2000 年报道的“亚基马谷地的种族”），或者参加多种族的教堂

礼拜（特拉华州，威尔明顿，《新报》1998 年报道的“转折点”）。同 098 099
样与《阿克伦烽火报》一样，其他的新闻机构帮助建立新的公民组织以使这些努力得以实现，有新奥尔良《皮卡尤恩时报》的“消除种族主义”（整体分裂：种族的神话，1994）；加利福尼亚《新闻界》的“为了找到共同点的联盟”（“通过棱柱体”，1996）以及纽约《观察者报》的“分歧调和人”（“调和分歧”，1995）（参见福特，2001）。

重要的问题是，《阿克伦烽火报》能做什么从而形成更为可行的问题解决方式呢？根据第二章提出的问题解决模式，《阿克伦烽火报》应该根据被调查问题的性质倡导相关的干预。这就要求《阿克伦烽火报》考虑民众是否可以自己解决相关问题，或者是否需要政府官员深层的、系统的干预。其次，《阿克伦烽火报》应当考虑相关问题的干预是民众作为，还是政府作为，是否需要一个地区、州、国家甚至是国际规模的作为。

这样，不要只是让民众以其好恶为依据部分地解决表面问题，《阿克伦烽火报》应该让民众思考问题的实质以及解决途径，包括组织民众、专家与政府官员之间的辩论。不要只是让民众成为一个抱怨源，仅仅是表达问题，而是要给他们机会直接向专家与官员提问，并协同提出问题的解决方案。比如，如果说是财政体系造成了黑人和白人学生的教育不公平的话，《阿克伦烽火报》应该倡导怎样的财税做法才算合理的辩论。激励黑人移居白人社区可行吗？是不是应该成比例地给予黑人占多数的社区以更多的财税支持？

而且，《阿克伦烽火报》的记者本人也可以加入到讨论中去，权衡

099 利弊并给政府官员施压，对表现积极的官员或者候选人借助媒体之力给予支持。最后，《阿克伦烽火报》的记者还可以挑战成功的教育测试措施。例如，SAT 的分数就是测量及对比学生表现的最好途径吗？

这些建议并不是暗示《阿克伦烽火报》以忽视其他重要问题为代价而把报道集中在教育不公平和其他与种族相关的社会问题上，或者根据政客与候选人在相关问题上的立场支持或者反对他们。而是说，《阿克伦烽火报》应该激发对与种族相关问题的严肃持久的探讨，而不仅仅是让民众的精力花在对问题表面的无谓纠缠上。

## 一个关于种族报道的批判性公共领域

如果说《阿克伦烽火报》的问题解决方法留下了（还存在）很多值得珍惜的东西的话，它也满足了我提出的公共哲学的另一个要求，即创设一个关于种族问题报道的批判性公共领域。在焦点访谈小组讨论期间，黑人民众对《阿克伦烽火报》的犯罪报道提出了一些抱怨，尤其如（1）黑人男性被刻画成主要的犯罪者；（2）黑人的犯罪总被放在头版，而白人的犯罪多“藏在”后面的内容里；（3）黑人犯罪的新闻总附有图片，而白人犯罪则没有（参见钱塞勒，1993；哈里斯、奥特洛、佩因特，1993；霍利、柯克西、佩因特，1993；洛夫，1993；奥特洛等，1993）。在“肤色问题”行动即将结束时，有关编辑邀请了 17 位《阿克伦烽火报》的编辑和记者，其中 9 个白人 8 个黑人，参加了关于白人和黑人犯罪新闻封面的焦点访谈小组的讨论。每个参与者被要求回顾前两个月的新闻，特别是那些有关犯罪的封面。 099 100

在九月下旬，报纸又组织了三个焦点访谈小组的讨论：一个组全是白人，一个组全是黑人，一个组包含所有的参与者。

在报道这些内部讨论的文章中（参见戴尔［Dyer］，1993），通过大量引用参加者对这个话题的观点以及提供不同的封面的具体例子，《阿克伦烽火报》公开回应了黑人公民的抱怨。尽管没有给出黑人和白人为什么以不同方式出现在各种封面上的明确回答，但戴尔·艾伦确实注意到了黑人编辑（4/31）和记者（22/145）的特殊比例，这也能从一定程度上暗示了前面所提到的问题。确实，《阿克伦烽火报》不仅对黑人的抱怨作出了反应，并且采取了实际的步骤解决这些问题。在活动结束后，《阿克伦烽火报》任命了几个黑人专栏作家从而使其人数分派趋于合理（参见卡内迪，2000）。很少有新闻机构像这样用心地对公众的不满作出反应并作出实际处理。当然，也有几个其他的新闻机构在观察种族问题行动中转向内部审视。例如《印第安纳波利斯星报》组建了一个内部委员会来审视其在1993年的“黑人和白人：我们能友好相处吗?”行动中对少数族裔是怎样被提及的。还有康涅狄格州的新伦敦市的《日报》（“两个种族，两个世界”，1999）；得克萨斯州的威奇托福尔斯市的《时代记录新闻》（“关于面孔”，1997）；以及《温斯顿塞勒姆报》（“分界线”，1998），它们都刊登文章来考察编辑部构成的种族单一是怎样历史性地影响了它们的种族报道。

100 101 重要的是，《阿克伦烽火报》的内部讨论也高度暴露了讨论组内紧张的种族关系。与黑人们的抱怨相对应，白人记者也抱怨黑人“在负面消息中被轻描淡写，而在正面消息中被过分夸大了”（戴尔，1993，p. A6）。具体说来，《阿克伦烽火报》一直有一个黑人发行人和几个黑人高层编辑，白人记者抱怨说“报纸过分努力地建立自己非种族主义形象，以至于公平与真诚受到损害，而真理有时也在社会工程学的名义上被粉饰”（戴尔，1993，p. A6）。甚至鲍勃·戴尔，那个写内部讨论文章的记者事后也承认，他和他的同事对他们报社内部种族关系的紧张感到震惊：“我们像处在两个社会，而没有连接的纽带”（引自卡内迪，2000，p. 177）。在1999年，如今已是专栏作家的鲍勃·戴尔写文章和一位黑人专栏作家同行争论“niggardly”[④]（吝啬的）一词时，愤怒再一次充斥了编辑部（参见卡内迪，2000）。

④与niggardly词形相近的nigger是对黑人的蔑称“黑鬼”的意思。（译者注）

尽管《阿克伦烽火报》通过“一起来行动”对改善种族关系以及编辑部内部的种族间的不和谐进行了不懈努力，但在10个月后“肤

色问题”行动结束时，它又复归到原初的报道上去了。与种族相关的话 101
题仅以新闻的身份出现，其全部意义只是一个新闻事件。报道内部讨论的文章引用艾伦先生的话说“所有故事都是在过去的24小时所发生的事的基础上所作出的判别”（戴尔，1993，p. A6）。一个参加过“肤色问题”行动的白人专栏作家问是不是一家报纸应该关注它报道的社会意义时，戴尔·艾伦回答道：

我想我们有责任了解自己在做什么，以及怎样做才会影响社会。但我想你也该知道我们的主要职责是：报道新闻。这对我们来说是最重要的。（戴尔，1993，p. A6）

考虑到白人和黑人民众对种族话题所赋予的重要性，如果让民众参与新闻日程设置的机制更加常规化（像第二章的讨论），那么有人可能猜到，就种族问题的报道而言，《阿克伦烽火报》不会轻易有能力复归到最初的报道方法上去。确实，让探讨的民众与编辑记者同道工作，《阿克伦烽火报》是不得已而为，这使得有关种族问题的话题在其常规的公共事务报道中继续下去，甚至占据一个醒目的位置。

# 第六章　作为公共新闻工具的共识会议模式

之前对《阿克伦烽火报》的“肤色问题”行动的讨论表明，在其他议题中，它没有使民众、专家、政府官员进行实际的商讨，在更广泛的层次上，它不能协调各方在问题解决过程中的角色差异，如果这些角色不是不平等的话。在这一章，我要介绍一种叫做“共识会议模式”

103 104 的商讨方法。而这种方法可以促进《阿克伦烽火报》和其他一些公共新闻的运作机构，在民众和专家们对相关问题解决方案的商讨中的互动和平等的形成，同时促进政府官员对最终方案的实施。

在一个宽泛的视野内（包括它的主要特征、历史根源、可能的用处以及和其他主要商讨方法的关系等），我就共识会议的各个阶段进行了详细的审查。确切地说，我论述了这些阶段如何与公共新闻的中心宗旨相吻合，更进一步地与我提出的公共哲学相吻合。接下来我又对共识会议在民众、专家和政府官员中的影响的实证研究文献进行了总结。最后，我针对发起共识会议感兴趣的新闻机构能做些什么以加强自身政治影响这个问题进行了简单的考察以作为结尾。

## 共识会议模式

在使民众和专家们致力于有关社会问题及其解决方案的商讨上，共识会议模式已经成为一种广为使用的方法，并且它也能促使政府官员在实践中实施那些最终形成的主张。自从1987年共识会议首次在丹麦被使用以来，已经有超过50次这样的商讨在世界各国举行，如澳大利亚、加拿大、丹麦、荷兰、英国和美国等（参看洛卡研究所，2005）。

简言之，共识会议模式会围绕一个所谓的群众专门问题小组。它包含10到16人，这些人被会议组织者组织起来对一个大众关心的问题进行考察，对其解决办法进行规划。整个过程包括两次预备会议和一次主

会议。这个小组先列出与议题有关的所有问题，再挑选解决这些问题的 104 105
专家，然后对专家进行提问并与之互动，商讨专家们的意见，然后再对相关问题的解决提出最终的解决方案（关于共识会议模式的详细介绍参见安德森、耶格尔，1999；费克思达尔，1997；格伦达尔，1995）。

共识会议模式的主要目标是与公共新闻的目标相一致的，包括方便公众与专家的互动、为政党的决策和行政建言献策、鼓舞公众进行大讨论。像公共新闻一样（参见第一章），这个模式改进了把“直接参与”与“代表民主”结合起来的商讨民主的形式。共识会议给公众提供机会，在与专家的咨询中，对出现的问题规划解决办法，民众不直接实施这些办法，但是他们可以把建议以一致声明的形式呈现给政府官员，作为政党进一步决策与行政的参照。

共识会议模式是由丹麦技术委员会开发的，丹麦技术委员会是一所由丹麦国会建立的公立机构，成立于1985年，主要目的是促进民众在科学技术方面的积极评估。这种丹麦的模式受到了一种美国国家健康局在20世纪70年代末开发的，叫做共识发展会议模式的启发。这种共识发展会议模式带领专家们一起评估各种医疗技术的安全性和效能，从而形成了把新医疗技术和设备运用在临床实践中的一条途径（参见阿什、洛，1984；雅各比，1995；约根森，1995；关于共识发展会议模式的历史概览和当下应用）。它仅仅促成了专家们间范围相对较窄的互动，而丹麦的共识会议模式涉及了民众、专家和政府官员之间对科技相关议题的广泛互动。

105 106 共识会议模式有一个隐含的前提，就是民众有能力、也应该积极主动地参与科学技术的评估，而不仅仅是被动地接受专家们所提供的科技信息。与公共新闻的核心宗旨相吻合，对民众角色的理解应该是：民众应该积极主动地参加特定问题的辩论，而不是仅仅作为被动的旁观者。这种理念根植在丹麦的公民和政治文化中，确切地说，根植于历史以来就有的高水平的民众对社会事务的参与意识，对他们作为公民的权利与义务的自我意识，以及对通过辩论和协商形成最终一致意见的开放态度，而这与丹麦国会超过一个世纪里没有一个党派占有绝大多数席位的历史事实有关。这种模式强调民众参与科技评估，可以追溯到 20 世纪 70 年代关于核能问题的公开辩论。在 1974 年，一个基础广泛的丹麦基层组织，“核能信息组织”被建立起来。它最终使国会决定不会在丹麦建立核电站——这个决定到现在一直有效。核争论随后激起了其他关于科学技术的公开讨论，这也包括生物技术、环境与信息技术的应用（参看克龙贝里，1995；乔斯，1998；托夫特，1996；对共识会议模式历史根源的讨论）。

当共识会议模式扎根于丹麦的公民和政治文化时，许多世界范围内的实验表明，这个模式也适用于其他国家。同样重要的是，很可能是丹麦技术委员会影响的结果，最初这个模式多被运用于考察科技方面的问题，迪朗（1995，p. 79）写到：“让它仅适用于处理科技问题”。而乔斯与迪朗（1995，p. 203）认为“每当一个集体面对复杂问题的时候，共识会议都可能是很有用的，而期望每个人会均等地获知这些复杂问题

是不现实的。在这个意义上说，共识会议为他们的民主生活提供了一个 106
建设性的平台。”确实，这种模式与许多公共新闻活动所考察的问题是相一致的。正如在第二章中所讨论的一样，民众自己就可以很好地解决其中的一些问题。不管是在限定的范围还是更广泛的范围，许多问题是足够复杂的，以至于有必要从广泛的民众和专家的互动中汲取帮助。同样重要的是，不管是在当地、州、地区、国家，还是国际层面上，人们都可以以这种模式谋求问题的政治解决。的确，共识会议的组织者们，不仅在让不同层面的政府官员的参与上非常成功，而且还促进政府官员以立法的形式贯彻落实民众的建议。这点我在后面还要更加详细地谈到。

与其他一些重要的商讨方法相比较，作为公共新闻工具的共识会议模式的意义在于它已进入到核心位置。因为有非常多这样的方法存在（参见罗、弗鲁尔，2005，关于目前有超过 100 个商讨方法被使用的概述），我在这里只集中关注三个最常用的方法，这些方法可以说都凸显了民众、专家和政府官员之间的互动，即“协商民意测验”、“公民委员会”和“场景工作室”。

尽管有一些微小的变通，一个协商民意调查通常遵循一系列相对固定的模式。简而言之，它的组织者凭借电话调查，在大约 130 至 450 人范围内招募统计上典型的和随机的样本民众。在 2 至 4 天的时间里，与总话题相关的一系列问题，参加的民众都被逐个进行调查。他们也通过组织者写的一些既详细又简单的文件来了解有关的背景信息，参与小组

106 107 的商议，在全体会议上向专家小组提出问题，最后再一次被逐个调查。政府官员有时（不是经常）被邀请来倾听和评论最后的调查结果（参见例如：阿克曼、菲什金，2004；菲什金，1995；菲什金、法勒，2005）。

尽管像共识会议一样，协商民意调查凸显了民众和专家之间的互动，但是在共识会议的整个过程中却赋予了民众更为重要的角色。首先，共识会议给民众提供机会，让他们为和专家的合作安排日程，具体做法是设置一系列相关的问题，挑选解答问题的专家；而协商民意调查没有给民众提供参与专家挑选的机会，甚至是向他们提出问题的机会。其次，共识会议给民众以提出自己的解决问题的方案的机会，并把这些方案用自己的话表达出来；而协商民意调查从头至尾只是让民众回答事先安排好的一系列问题，而不是参加实际的协商和问题的解决。最后，共识会议总以给政府官员最终建议的方式结尾；而政府官员只是偶然地参与协商民意调查。因此，就像在先前几章讨论的一样，协商民意调查把传统的公共民意调查推进了一大步，共识会议则更好地履行了公共新闻的如下目标：增强民众的议程设置、协商公共事务和解决实际问题的能力。

如果说协商民意调查是把其作用限制在公共新闻的工具上，那么对公民委员会来说则更是这样。一个传统的委员会人员是随机选取的，在这点上，公民委员会与之相似。但公民委员会根据人口统计的方法选取代表，选取 18 至 24 人的典型民众，五次或五次以上地反复就一个事先预定的问题进行商讨。协商民意调查的做法是让参加讨论的民众回答整个话题范围内事先定好的问题，而民众委员会的做法与之不一样，问的问题不多，而这些问题都是他们在商讨期间应该解决的。民众委员会听到一些先前选择的专家的证词，专家们给讨论中的问题提供更好的解决方案，再在这些方案中酝酿出最好的问题解决方案（例如参见：库特[Coote]、勒纳厄姆，1997；克罗斯比、内瑟克特，2005；史密斯、威尔士，2000）。协商民意调查时不时邀请政府官员聆听对最终结果的评价，而民众委员会的做法是让政府官员只是参与而很少表达好恶。然而，这两种情况都与共识会议模式形成鲜明的对比，都只是让民众对事先定好的议程作出有效的反应，并不是为得到专家的证言而使民众自己设置议程。 107 108

场景工作室和公民委员会的程序大致一样，简单说来，在一个场景工作室，会议基本上持续两天，把一些民众、商业代表、专家以及政府官员一起邀请来，就有关公共问题解决方案的可行性进行辩论。在专题讨论会过程中，参与者审查了被陈述的相关方案，辨别他们的利弊，然后再进行讨论，然后选出最适合的方案。场景工作室也限制了民众议程设置、协商和问题解决的能力，因为他们被给予了很少的机会来界定审查问题和提出自己处理问题的办法。这样的设计或许可以被看成是平衡民众与其他社会角色的可行途径，但更为可能的是，三种角色权力，即被赋予的经济（商人代表）、技术（专家）和政治（政府官员）权力将有可能主导整个过程。

108 109

## 共识会议模式过程的各个阶段

相对于其他主要的商讨方法，共识会议模式拓展了民众的参与机会，让他们有机会设置议程、商讨和解决问题，而在运作公共新闻的新闻组织在实践中采取这种模式之前，他们发现有必要对其进行一些修改，从而使他们与公共新闻的宗旨更加符合，或者更准确地说与我提出的公共哲学更加符合。为了解释为什么会是这样，以下便有必要对这个过程的不同阶段进行详细的考察。

这个过程开始时，组织者会先挑选一个问题，然后公开宣称就这个问题要举行商讨会议。感兴趣的个人会被邀请来申请民众专门小组的成员资格，每人交一份大概一页的个人资料，包括对有关问题的熟悉程度，以及参加的理由等。不像商讨民意调查和公民委员会那样，参加的民众是随机抽取的，这里的民众专门小组是根据其社会人口统计学的背景仔细选择的，对有关问题没有专业知识，也不代表任何的利益群体。

会议模式在首要步骤的基础上进行逐次改进。首先，不是挑选问题，然后被考察，而是发起人先向民众征询意见以确定议题。如前几章所讨论的那样，按照公共新闻的组织原则，应该给民众以参与媒体议程设置的机会。而且，确实应该根据社会人口统计学来确定多样的专门小组成员的资格，并确定他们对有关问题没有专业知识，也不代表任何的利益群体。这样的要求有利于扩大参加者的范围和视角，而突破了专家和社会利益群体对公共辩论的影响。不过排除专家组的做法也还是存在

问题的。他们参加民众专门小组，将会使考察问题的视角多元化，暴露 109 110
公共政策辩论的价值，并为政府官员的有效执行施加压力。这样，邀请代表不同利益群体的人为专门小组服务，会使针对相关问题的讨论有一个更加宽广的社会、政治和经济方面的效应，而不只是在技术方面。

在更宽广的层面上，含蓄地把个人划分为政治上的“无知”或（和）“消极”（如普通民众）与“通晓”或（和）“积极”（如利益群体的代表）的做法与公共媒体的宗旨是背道而驰的。好像民众之所以为民众，就是因为对重大社会问题的无知以及在实践中解决这些问题的无所作为。并且这样的区别也会损害共识会议的一个中心目的，即加强民众在公共政策辩论中的作用。在对 1995 年英国关于转基因食品的共识会议的研究中，巴恩斯（1995）发现专门小组成员对相关知识的缺乏使他们难以向专家们少为人知且技术复杂的议程进行提问。在另一个对这次会议的研究中，列维多夫（1998）总结道，这次会议是“技术化的民主”，而不是“民主化的技术”。

一旦民众专门小组被组建，小组成员要为主会议准备一段时间。在主会议之前，民众小组要开四至五或八至十周的会议。在这些会议中，小组成员将接受组织者说明的一些简明要点，听取专家们的论证，通过设置一系列的问题为主会议制定议程。民众小组也参与为主会议挑选专家。虽然有一些组织者仅仅是询问小组成员想要哪种类型的专家与会，还有一些组织者会为小组成员提供机会，让其从预先列出的、可供选择的专家名单中挑选，甚至于是让其自行来选择专家（参见费克思达尔，

110 111 1997；亨得里克斯，2005；乔斯，1995)。

从以下这些原因来说，召开预备会议是很有用的。除了增加专门小组成员对相关问题的知识外，还有规划相关议题的问题，参与专家小组的选择，这样可以促进民众专门小组的议程安排能力。事实证明，被请专家提前进行的简短口头陈述将对专门民众小组的问题设置和专家选择有重要的影响（参见麦凯、道森，1999)。一个可能的解决办法是邀请多样化的专家，包括特定利益群体的代表，以帮助整理预备会议期间的简报，以及确认参加主会议的人选。1996 年在挪威关于转基因食品的共识会议遵循了这套流程，有 25 个不同的利益群体的代表被邀请来准备前期简报并为主会议建议人选（费克思达尔，1997)。

专门小组成员或独自或与组织者和利益代表一起参与主会议专家人选的挑选，而不仅是接受组织者的挑选，这是有其他原因的。学者们注意到让组织者挑选专家组的成员可能助长了专门小组内部的不满情绪（格伦达尔，1995)，而专门小组也确实很好地证明了他们有评估专业资格、机构单位以及专家的能力。民众专门小组成员确实经常花费相当的心思来考虑怎样使专家组的成员构成保持平衡，也在政治上表现出了相当成熟老练的气息（迪朗，1995)。

主会议一般遵守一个四天的时间表。第一天，受邀专家就民众专门小组在全体人员的面前提出的问题作出反应。大多数专家可以限定在各自的领域，而有两个或几个专家可以尝试解答全程的问题。第二天早上，民众专门小组成员讨论专家们的答案和后续的问题。第二天下午和第三天一整天，民众专门小组关起门来研究答案后制定一个有关问题该怎样解决的一致声明。最后在第四天的早上，民众专门小组成员在记者会上宣读声明并提交给与会的官员。 111 112

主会议的设计可以被运作公共新闻的新闻机构完整地采纳。与公共新闻的核心宗旨一致，民众专门小组不仅为和专家们的互动设置议程，而且同样重要的是整合不同专家对同一问题的见解。这不仅把民众专门小组成员置于和专家交流的主导地位，而且给予他们对比存在差异甚至是冲突的答案的机会，让他们发掘这些答案后面的价值。让不同专家回答每个问题，这种做法的重要性还在于，在面对民众专门小组的情况下，可以使专家们正视他们之间有可能产生极为严重的分歧，更加理性地面对别人的观点。当专家的角色在公共政策辩论中作为一个更宽泛的问题被提上日程时，内部、专业的分歧，甚至范式的冲突也被淡化了（克龙贝里，1995）。这反过来强调了让不同利益群体的代表参加专门小组的重要性，因为这些个人像普通民众一样以问题的形式把握着议题的详情，从而有能力使得专家公开承认那些显而易见的分歧。最后，民众专门小组在没有或最少的专家介入的情况下形成一致声明，或许这可以是对专家们参与政策制定不公开过程的一种平衡。

我们对主会议的设计可以不加修改地采用，但对民众专门小组必须达到最终一致是有理由进行质询的。考虑到各执己见的情况可能会被政府官员理解为似乎那些受到广泛赞同的问题解决办法是不可行的（克吕弗，1995），因而政府官员很可能倾向于让整个商讨过程丧失政治意义

112 113 （安德森、耶格尔，1999），所以一些学者认为不可能达到一致。但从公共新闻的角度出发，这样的一致追求是有问题的。就像在第二章中的商讨一样，对一致的追求会削减民众的分歧意识，客观上扶植有些人想当然地认为他们的观点代表大家观点的偏颇认识。按照我提出的公共哲学，我认为应该鼓励民众专门小组成员把商讨中的分歧，甚至是争议讲出来，把不一致凸显出来。这样做不是要求民众专门小组达成一个压倒一切的，对有关问题的各个方面进行统筹的一致结论，而是让他们仔细推敲他们的相同、不同及其原因。确实，尽管民众专门小组应该达成一个最终一致的结论，但组织者更应该允许不同结论的存在。一些组织者坚持要有统一结论，也有另外一些组织者则允许民众专门小组不要管太多的统一问题，而把大多数人和少数人的观点以所谓的分别声明的形式进行陈述，或者，在很少的情况下，仅列出这些观点的一个轮廓和支持这些观点的一些原因（参见克龙贝里，1995；费克思达尔，1997；赫兹皮思、金，2002）。

## 共识会议模式的影响

自从20世纪90年代中期，一些实证研究调查了共识会议模式对公众、专家和政府官员的影响。结果显示其影响是积极的，也与公共新闻的初衷与期望相符合。

在澳大利亚、加拿大、丹麦、荷兰、英国和美国所进行的共识会议

模式的研究发现，它们对参与其中的民众有积极的作用，尤其显著的是 113 114
加强他们（1）给出问题的实质性的知识；（2）激发一种和专家的互动的自信；（3）公民意识；（4）对政治问题解决过程的信任（参见安德森、耶格尔，1999；艾因西德尔、伊斯特利克，2000；古斯顿，1999；哈姆雷特，2002；赫兹皮思、金，2002；乔斯，1995；克吕弗，1995；迈尔、德弗里斯、热尔，1995；麦克唐纳，1999；麦凯、道森，1999）。

学者们把对民众专门小组成员与专家互动加强的认识与自信归功于共识会议模式的反复（如两次预备会议加一次主会议）和交互特征（如民众和专家的广泛互动）。这些积极的结果随后反映在专家提出问题的老练和具体细节中，也反映在公众商讨的复杂性以及最终给予政府官员的建议上。随着对共识会议模式参与的深入，民众变得越来越倾向于加入各种各样的政治活动，包括接受邀请在政府顾问团服务、在政府官员参加的公共听证会作证词、在工厂和社区做宣讲、为媒体撰写文章等（安德森、耶格尔，1999；艾因西德尔、伊斯特利克，2000；古斯顿，1999）。很少研究关注共识会议模式对参与专家的影响，有关证据显示了一个重要事实，即专家们越来越信任民众洞悉复杂问题的能力（艾因西德尔、伊斯特利克，2000；古斯顿，1999；迈尔、热尔，1998）。当把这些发现整合在一起，那么我们会发现新闻机构把民众的问题解决活动界定在基层和社区上并没有多大的意义。或者正如《阿克伦烽火报》的“肤色问题”行动所显示的那样，只是对问题的肤浅表述。看得出，民众既有能力在和专家的互动中对复杂问题的解决提出方

114 115 案，又能在与政府官员的合作中把这些方案付诸实施。

最后一点也相当重要，这方面的研究也揭示了政府官员受到的积极的影响。政府官员通过参加共识会议了解民众的最终建议，让他们对民众所提供的观点的范围有所把握，更具体地说，就是了解民众是怎样看待在社会、政治和经济方面的相关问题。接下来，便可以解释为什么来自共识会议模式的民众专门小组成员被邀请到针对专门问题的政府顾问机构。而且，乔斯（1998）在对丹麦议会的 179 名成员的调查中发现，这些参加了共识会议模式的官员常把民众的最终建议作为个人信息用于政党内部讨论，以及更大范围的议会商讨。乔斯（1998）发现，在 1987 年至 1995 年之间举办的 13 场共识会议中，有 8 场在随后的议会会议中被提及。同样，艾因西德尔与伊斯特利克（2000）发现，1999 年在加拿大参加了关于食品生物技术的共识会议的政府官员把这次会议的过程和结果大量地介绍给健康和农业部以及食品检查局的同事。同样，根据 2000 年加拿大关于固体废物管理的共识会议，参加会议的官员对最后的民众的建议进行大量的讨论，并认为这是一个获得大众意见的有价值的途径（赫兹皮思、金，2002）。

也许共识会议模式最重大的影响是对实际立法的影响，尽管一个特别令人印象深刻的发现是民众专门小组仅仅是提出建议，而对实际的立法没有影响。在共识会议对丹麦立法影响的过程中，有四件事值得一提：（1）1989 年，关于食物放射现象的会议导致了立法对这类食品贮藏的禁止；（2）1989 年，关于人类基因组图谱的会议促成立法禁止将检查遗传因素用于雇工和投保；（3）1993 年，关于不孕不育的会议促成立法要求内科医生就不同的治疗案例在丹麦健康委员会注册备案；（4）1994 年，关于农业合作生产的会议促成立法设立了丹麦农业理事会，进而促进了它的实施（例如参见：乔斯、迪朗，1995；克吕弗，1995；迈尔、热尔，1998）。同样，根据 1999 年在澳大利亚和新西兰关于食品生物技术的两次共识会议，在澳大利亚成立了一个基因技术办公室以保证对生物技术的管理（安德森、耶格尔，1999），而新西兰食品管理局被要求对所有的转基因食品贴上标签（艾因西德尔、基尔梭伊、布雷克，2001）。同样仿照 2000 年加拿大关于固体废物管理的共识会议的办法，哈密尔顿市采用了一个固体废物管理计划，其中 18 项条款中的 9 个跟民众专门小组所提供的一样（赫兹皮思、金，2002）。总结起来，共识会议模式在商讨论坛中解决了参加它讨论的民众的主要不满，即使没有直接的政治影响，它所做的包括商讨最终形成的对政府官员的建议都以公众意见的形式对立法决策产生了重大的影响（例如参见：巴顿、马特松，1999；莱文、冯、加斯蒂尔，2005；里夫，2002）。 115 116

## 将共识会议模式的影响最大化

共识会议模式已经产生了很多的政治影响，尤其在丹麦，学者认为其影响主要在制度的制定和规划的实施上。特别值得一提的是，学者们把丹麦共识会议的广泛政治影响归结于其通过丹麦技术委员会形成的制

116 度建设，共识会议的内容被有意地设置成与议会辩论的议题一样，这也是其影响广泛的一个原因。

当然，这并不能说明，新闻机构在没有和政府正式制度相联结的情况下，就不能有同样大的政治影响。确实，世界上的许多共识会议，包括已经证实存在巨大政治影响的，多由不同的非政府机构、非赢利性单位（如在新西兰和美国）、博物馆（如在澳大利亚与英国）和大学发起（如在加拿大和荷兰）。为了加强其政治影响，新闻机构需要超越它们与政府的敌对关系，以同样重要的角色安排和组织就相关问题的政治决策进行共识商讨。并非像多数新闻机构的做法那样想当然地认为，政府的介入往好了说是不适当的，往坏里说是简直有害（见第二章），在问题解决的过程中中，新闻机构应通过让政府官员积极考虑民众对问题解决的建议，从而使其成为同道者而不是敌人。同样，共识会议也应该提高问题的相关性和政策的显著性，选择同样为民众和官员最为关切的问题。正如前几章所商讨的，大多数公共新闻活动关切民众所关注的长期的政治问题，而不只是暂时的新闻话题，这一点值得称赞，但缺乏和当下政策间清晰的联系纽带可能在无形中限制了其实际政治作用的发挥。

# 第七章　全球范围的公共新闻实践

随着美国许多公共新闻实验的展开，相似的创新活动也在世界其他区域推广开来，其中包括非洲（马拉维、塞内加尔、斯威士兰）、亚太地区（澳大利亚、日本、新西兰）、欧洲（丹麦、芬兰、瑞典）和南美（阿根廷、哥伦比亚、墨西哥）。本章综述并讨论了公共新闻在世界范围的实践，特别是在丹麦的实践。丹麦公共新闻项目很有趣，不仅是因为它与美国的公共新闻实践不同，而且是因为它在我所提出的公共

117 118 新闻哲学的重要方面取得了进一步发展。

首先我要对各种延续至今的多样的非美国式项目进行概括，它们和美国式项目几乎在所有方面都很相似。其实，唯一实质性的区别在于一些国家的新闻机构在公民与政府职员的关系上提出了比典型的美国式试验更直接的交流方法。接着，我通过对丹麦新闻机构和美国新闻机构的对比来仔细描述丹麦项目与美国项目的不同。首先，丹麦新闻机构对特定问题提出了自己的解决方法并与其他相关的参与者讨论这些方法；其次，丹麦新闻机构为发现并解决市民阶层中边缘群体所关注的问题做着不懈的努力；其三，丹麦新闻机构鼓励市民在专家的指导下构建问题的实质性解决方案。我通过分析为什么丹麦在这些重要方面与美国式的试验有差别得出结论：由丹麦诸新闻机构提出的更加激进的新闻立场可以归因于丹麦新闻工作者更激进的、职业化的自我认知。激进主义尤其是媒体赋予公民而非专家以重要的角色，这也可以被视为丹麦新闻媒介愈加浓厚的平民主义风格的佐证。

## 亚太区（澳大利亚、日本、新西兰）

澳大利亚公共新闻实验可追溯到 1997 年，当时澳大利亚广播公司，即国家公共广播公司，在昆士兰作了一项电话调查并举办了一些社区论坛，目的是了解当地居民最关注的问题。论坛过后澳大利亚广播公司筹划了两场在广播和电视上直播的较大规模的市政厅会议。居民可以在会

上讨论他们所关注的最急需解决的问题并直接把这些自身所关注的问题 118 119
传递给受邀到场的多位政府官员。随后的广播互动节目致力于当地居民间进一步讨论那些人们关注的问题（希波克拉底，1999）。

1998 年，在昆士兰发行的区域性报纸《邮政快报》发起了名为“公共新闻、公共参与和澳大利亚公共政策：联系社群态度”的关于种族关系的项目，这个综合性的项目历时两年之久。受《阿克伦烽火报》“肤色问题”行动的启发，《邮政快报》在昆士兰州和新南威尔士州筹划了两次关于种族关系的公众论坛，每场论坛都有 600 多名当地居民参加。随后，《邮政快报》刊登了这些论坛结果，并登载文章描述地方居民改善种族关系的措施。邮政快报还诱发读者在报纸意见专栏里提反馈意见，写信给编辑并参与热线评论（罗马诺，2001）。

接下来一年也就是在 1999 年，新南威尔士五家来自乡村报业出版集团的地方报纸形成了有青年人参加的几个观察组，这是联合“保护青年”项目的一部分。为了解青少年特别关注的问题，媒体深入到学校和青年活动中心，并且致力于青少年关心问题的新闻报道（罗马诺，2004）。最近的是在 2000 年，维多利亚市一家名为《拉特罗布山谷快递》的地方报纸做了一个关于公共交通状况的项目。这家报纸筹划了居民讨论自身关注问题的社区论坛，在此之后，报社相当多的新闻报道则是致力于讨论那些受瞩目的问题的解决方案（罗马诺、希波克拉底，2001）。

在澳大利亚，公共新闻项目关注长期存在的受公民关注的问题，而

119 新西兰公共新闻项目与澳大利亚的不同，其新闻项目都是和具体选举联系起来的。第一个项目是在 1996 国家选举期间发起的。三家地方报纸《马纳瓦图标准晚报》、《新闻报》和《怀卡托时报》通过多种信息采集方式来了解选民关心的话题，其中包括电话调查和选民抽样调查。抽样调查要求参与者评论不同政党的表现。随后，合作媒体登载了关于既定话题的深层文章并要求不同政党的候选人回答选民提出的问题。1992 年受《夏洛特观察者报》名为“你的声音，你的选举”的选举项目的激励，如果政党拒绝回答任何选民提出的问题，参与其中的新闻媒体机构就会威胁说要加入一个空版写上“无人回应”。在夏洛特这样的事件仅发生过一次，当时的执政党国家党拒绝回答问题。合作媒体《新闻报》在国家党的名字下加入空版，而这个空版就在它的竞争对手新西兰第一党的回答专栏旁边，之后国家党又接受回答随后的问题。合作媒体筹划的项目在一系列市政厅会议上达到顶点，会上候选人要在现场观众前回答通过选民抽样调查找出来的问题（麦格雷戈、科姆里、坎贝尔，1998）。

1999 年，惠灵顿一家当地报纸《城市之声》做了类似的项目，它也和当年的国家选举联系起来。此报对 300 多名符合资格的选民进行了深入采访，并要求他们对选举话题排序，之后排名最靠前的话题成为市政会议的焦点。会上选民们被邀请来就计划如何解决这些话题提问不同的政党代表。两次追加会议上选民对两个提案当场投票，这两个提案一个是减少下院议员的数量，另一个是执行更严厉的犯罪防治措施。每次

会议之前记者在《城市之声》上刊登新闻报道，会后刊登有着大量会 119 120
议结果的新闻报道（维纳布尔斯，2001）。

在1996年的项目之后两家合作媒体《新闻报》和《怀卡托时报》与另外两家当地报纸《晚间邮报》和《奥塔戈每日时报》合作，采用公共新闻手段报道2001年的地方选举。合作媒体通过电话调查了解选民关心的话题，然后发表了关于这些话题的背景文章。媒体除了介绍每个地方候选人的概况外，还给候选人传递选民提出的问题。1996年合作媒体威胁说要加一个空版里面写上“无人应答”，如果候选人拒绝回答选民提出的任何问题的话。这样的事情居然又发生了一次，当有一位候选人拒绝回答问题时，《晚报》让这句威胁的话变成了现实。像1996年一样，媒体筹划的项目在市政会议上达到了顶点，会上候选人在现场观众前回答通过选民抽样调查提出来的问题（尤尔特，2003）。

除此之外，澳大利亚和新西兰为使大众媒体成为每日新闻实践必不可少的一部分采取了措施。在澳大利亚和新西兰拥有23家区域性报纸的国际性公司APN从2004年起开展了由公共新闻激起的名为“读者第一”的创新活动。作为持续活动的一部分，APN经营的报纸努力从公民的角度关注报道公民关心的问题。为了实现这一目标，APN利用持续的电话调查和焦点小组来了解公民关注的问题，以更多普通公民的观点和极少数专家的建议作为新闻报道的信息来源（尤尔特、马西，2006）。

同澳大利亚和新西兰一样，日本进行了一些公共新闻项目。日本的

120 121 大众媒体实验可追溯到1995年，日本最大的国家级报纸《朝日新闻》开展了关于公众对现有政党不满度的项目。《朝日新闻》对2000多名符合资格的选民进行电话调查，并且对将近70名无党派人士进行了深入采访，其结果也刊登在报纸上。此报随后向五个大党代表传递了被采访公民所关注的问题，并刊登了他们的回答（伊托，2005）。同样，东京的区域性报纸《东京新闻》为报道2001年全国大选，也搜集了选民提出的问题并在报上刊登了系列文章叙述候选人的相应解答（伊托，2005）。

在1999年和2002年，长野县的地方报纸《信浓每日新闻》开展了两项关于医护和育婴的项目。此报除了筹划供当地居民间讨论问题的社区论坛并在论坛上反馈讨论结果外，还建立网站以便居民进行进一步讨论，最终有800多人使用了该网站（佩里，2004）。

2003年，在宫城县的区域报纸《河北新报》开展了关于食品业未标明化学成分问题的项目，新报对公民可采取什么行动来解决问题提出了建议，并创建网站让居民讨论这一问题，同时也和食品界代表一起探讨（佩里，2004）。同样在2003年，广岛县的区域性报纸《中国新闻》开展了一项关于广岛不断增加的青年帮派活动的项目。报纸对帮派暴力活动受害人进行深入采访，还向居民寻求解决办法，鼓励居民可通过向青年帮派成员伸出援助之手等方法来帮忙解决这个问题（佩里，2004）。

《朝日新闻》不仅是日本第一家进行公共新闻实验的报纸，还是一

家为使公共新闻成为每日新闻实践不可缺少的部分而付出最多努力的报 121 122
纸。自2000年起，《朝日新闻》推出了“公民福利专栏”，参与栏目的新闻工作者努力从居民的视角来发现问题。这个专栏的记者定期与公众见面来探讨并刊登大家关注的焦点问题，此外他们还帮助举办居民与政府职员间的会议。例如在2002年，“公民福利专栏”中刊登了一系列东北地区幼儿护理欠缺的文章。记者们筹划了三次社区论坛让家长和医生共同探讨他们关心的问题，这也是活动的一部分。接着除了刊登论坛结果外，报社还举办了会议，会上把家长和医生的焦点问题直接传递给政府职员（伊托，2005）。其他的日本新闻机构也为加强公民和记者的联系做着努力。《东京新闻》自1990年起每一年抽出一天来举行读者和资深编辑的讨论会，随后其结果被总结刊登在报（伊托，2005）。

## 欧洲（芬兰、瑞典）

同亚太地区一样，一些欧洲国家，例如芬兰和瑞典的新闻机构已经进行了公共新闻实验。芬兰的项目可追溯到1777年，坦佩雷的区域性报纸《晨报》开展了当地城市预算的项目。受到在麦迪逊市《威斯康星州报》的“我们的人民”项目的激励，《晨报》召集了十二人的陪审团来负责提出预算建议。随后《晨报》刊登有关预算陪审团的商讨结果，并更全面地向读者们阐释城市预算最实际的政治进程及之后的发展情形（库内柳斯，2001）。

122 123 1998 年至 1999 年，库奥皮奥的区域性报纸《萨沃新闻报》对两代人间的冲突、居民很少有机会影响政治进程和 1999 年国家选举这三个议题开展了三个小范围的项目。这些项目采用上面提到的类似过程，即报社筹划供当地居民讨论问题的社区论坛，并在二三次论坛中分别把他们关注的问题直接传达给邀请到的政府职员和官方候选人（海基拉，2000）。

最近的一次是在 2003 年，芬兰最大的报纸《赫尔辛基新闻报》把实验项目和当年的国家选举联系起来。此报首先通过电话调查了解选民们关心的话题，然后突出报道这些话题，最后搜罗选民提出的问题并把候选人的回答刊登在新闻报上（卢逊奥卡萨，2005a）。同样在 2004 年，《晨报》做了一项联系当年地方选举的项目。《晨报》筹划了社区论坛，在论坛上选民可向当地政府候选人提问，随后论坛结果也被刊登在报（卢逊奥卡萨，2005b）。

除此之外，几家新闻机构为使公共新闻成为每日新闻实践的必要部分采取了措施。自 1999 年起，《萨沃新闻报》发行了周报，致力于报道市民眼中当地公众的问题。周报有几个特征，包括刊登向当地政府传递居民提出问题的文章、政府的回应文章及居民的反馈意见，这些意见是在定期举行并且有居民参与的会议上提出的。此外，自 2003 年起，归属社会民主党的地方报纸《芬兰日报》发行了名为“居民频道”的周报，周报给居民提供机会向政党代表提问并由居民评析政党的回应。该报还发起了新颖的报道形式，其中一种是民主政治晴雨表，记者们根据

居民参与民主议程可能的影响力来评析政治决策。最后一次是在 2004 123 124
年，黑诺拉的地方报纸《东哈梅》拥有市民记者，他们的职责是定期与当地居民见面以便了解报道他们所关注的焦点问题，报社还举行会议把居民关注的问题直接传递给相关的政府官员（卢逊奥卡萨，2006）

同芬兰不同，瑞典只有少部分新闻机构对公共新闻进行实验。在 1998 年，哥德堡的《哥德堡邮报》和威茨曼兰的《威茨曼兰信报》就当年的全国选举发起了不同的项目。两家报纸都进行了电话调查来了解选民关心的话题，随后通过刊登不同政党代表对问题的回答更深入地报道这些话题（贝克斯莫、谢恩菲尔特，2001）。

值得一提的是瑞典最大的报纸《每日新闻》自 1999 年创建了移动新闻编辑部，这个新闻编辑部的记者曾在瑞典的各地区游历了四至六个星期，而且以当地居民的视角来报道居民关注的问题。移动新闻编辑部的记者除了筹划让当地居民讨论自己所关心的问题的社区论坛，还报道论坛的讨论结果并提供机会让居民评价有关的报道（贝克曼，2003）。

## 南美（阿根廷、哥伦比亚、墨西哥）

同欧洲一样，一些南美国家的新闻机构已经开展了公共新闻实验，其中包括阿根廷、哥伦比亚和墨西哥。1999 年，阿根廷两家最大的国家报纸《号角》和《全国日报》开展了一个名为“居民议程”的项目，这个项目涉及布宜诺斯艾利斯的市长选举和起草城市新章程会议。在美

124 国信息机构的资助下，《号角》和《全国日报》举办了一系列公众论坛，邀请选民讨论自己眼中能推进新闻选举的报道话题，同时还筹划会议让选民把自己的观点直接传达给市长候选人，随后，报纸刊登论坛的讨论结果及选民和候选人交流的结果（姆旺吉，2001）。

同阿根廷一样，哥伦比亚最大的报纸《时代报》在1997年开展了当年关于地方选举的实验项目。《时代报》进行电话调查了解选民最关心的问题，筹划公众论坛供选民讨论这些问题，随后刊登调查及论坛的结果，其中包括盘点候选人对这些话题的立场。在1998年，报纸（《哥伦比亚人报》、《世界报》、《时代报》）、电视以及广播电台联合起来，发起了名为“居民之声”并持续进行的项目，目的是给居民提供机会广泛讨论他们关心的问题。合作媒体筹划了很多关于这些问题如犯罪（1998）、暴力（2003）、贫困（2004）的公众论坛（伦敦，2004）。

当哥伦比亚新闻机构努力使公共新闻活动正规化时，墨西哥报纸公司《小区域组织改革报》也不干落后。自1991年起，《小区域组织改革报》这个在墨西哥最大城市拥有四家主要报纸（《瓜达拉哈拉》、《墨西哥城》、《蒙特雷》和《萨尔蒂》）的家族公司运行了一个称为编辑委员会的网络系统，给居民提供机会正式参与新闻媒体的议程设置、决策制定和功效评价。一周一次的编辑委员会会议的主要目的是帮助报纸选定公民想要看到的话题、报道以何种方式呈现、还有居民对报道的反响。《小区域组织改革报》每年会组建12人的编辑委员会或有更多市民参与的委员会，与会成员多是报纸每个版块的主编，如硬新闻版、特写版和分区域版。从1991年的单一编辑委员会到2005年，居民参与新闻报道的机制变成拥有63个编辑委员会和900多人参与的复杂网络（查维斯［Chaves］，2005）。 124 125

## 非洲（马拉维、塞内加尔、斯威士兰）

和南美一样，若干非洲国家包括马拉维、塞内加尔、斯威士兰的新闻机构已经进行了公共新闻实验。1998年斯威士（Swazi）的四个新闻机构，斯威士兰广播公司（电视）、斯威士兰广播与信息公司（广播）、《威斯士观察者》和《斯威士兰时报》一起合作了两个研究项目，关于解决妨碍乡村医疗保健室正常运行的犯罪活动（“农村医疗保健：人类在医疗保健方面的犯罪活动”）和强奸，乱伦及其他形式的性暴力（“强奸、乱伦问题：远离轰动的新闻，接近人类心灵”）。由美国新闻署资助的项目实施过程中，合作媒体从公民的视角聚焦调查中的问题，包括报道公民为解决这些问题可采取的措施，并描述草根阶层已付出的努力。项目结束后，《斯威士观察者》和斯威士兰广播公司两家合作伙伴尽力使公共新闻实践常规化，它们各自通过创建周报来刊登报社所筹办的社区论坛的讨论结果，在社区论坛上居民讨论他们特别关心的问题，并通过创办每周一次的电视节目聚焦乡村社区面临的具体问题（吉利斯、穆尔，2004）。

同斯威士兰广播公司一样，提供全国公众广播服务的马拉维广播公

125 126 司，已经迈开脚步以使公共新闻成为日常新闻实践不可或缺的部分。在索罗斯基金会的资助下，MBC 从 2000 年开始创立了一套名为听力俱乐部的综合网络系统，在这个乡村听力俱乐部中当地居民一块儿收听电台节目，讨论将来他们想要看到报道的问题，并对过去的节目提出反馈意见（穆尔、吉利斯，2005）。

自 2000 年起，建在塞内加尔首都达喀尔的活力青年联合广播电台已经采取措施把节目的焦点放在当地居民关心的问题上。首先，这个广播电台编排了许多新颖的节目形式，如谈话会议，每周节目都邀请该城市的市长与现场观众也就是他的选民一起讨论居民特别关心的问题，这些问题是在广播节目前通过深入采访精选出来的，在直播节目中对市长进行采访，市长会就各种问题现场作答，并邀请听众来帮助解决后续问题。由于难以应付刁钻的问题和粗劣的批评，三期节目之后市长拒绝继续参与，而电台的节目持续进行。随后公众的强烈抗议使得市长又不得不再次接受类似的邀请。此外，活力青年联合会电台还组建了每周一期的名为“公共汽车”的节目。与《每日新闻》的移动新闻编辑部相似，电台的新闻工作者在全国的不同地方游历，对当地居民作深入的采访，了解他们关注的问题，并且为居民提供在直播的广播节目中讨论这些问题的机会（姆旺吉，2002）。

这些简单概述全球公共新闻的实践活动大同小异。和美国新闻机构一样，其他国家的新闻机构采用多种信息收集的方法来了解市民关心的问题，包括电话调查、深入采访、焦点小组；筹划供公民间讨论问题的社区论坛；从市民而非政府官员、专家学者、其他社会精英的视角来报道问题；给市民机会评析新闻报道，并付出各种努力以使大众媒体成为每日新闻实践必不可少的部分。实际上，这些项目间的唯一实质性区别在于这些国家中的一些新闻机构在市民与政府职员关系中开展了比典型的美国式试验更直接的交流。在几个国家的新闻机构定期举办的会议上市民自己传递他们的问题与关注焦点给政府职员而不再是由新闻机构来做这些。 126 127

对于这些相似点我们有几个合理的解释。首先，许多的非美国式项目曾被设想与大学教员亲密合作，这些教员在美国各种研究团体上花费了时间，或者从学术知名期刊上已经了解美国公共新闻的实验，但这种设想是没实际意义的。举几个例子来说，来自昆士兰科技大学、宗座玻利瓦尔大学和坦佩雷大学的教员各自在澳大利亚、哥伦比亚、芬兰的各种项目的设计中起着主要作用（参见海基拉，2000；希波克拉底，1999；伦敦，2004）。事实上，我们前面提到的许多非美国式项目是被有意设计来模仿一些公共新闻早期的实践和知名的美国实践者的，特别是《阿克伦烽火报》、《夏洛特观察者报》以及《威斯康星州报》。其次，先前提到的几个非美国式项目，是受美国政府或非美国政府组织资助的，如美国新闻署（阿根廷和斯威士兰）和索罗斯基金会（马拉维）。且不提极度简单的文化帝国主义假说，这些资助机构当然可能左右这些国家的项目设计。

这些因素至少在部分程度上解释了那些项目之间的共同点，但仍然

127 有令人困惑的地方，即非美国项目，特别是在非洲、亚洲和南美，与美国项目并没有实质性的区别。实际上，考虑到这三大洲新闻发展的长期传统，大家期望参与的新闻机构摆出更激进的新闻姿态，包括把注意力集中到市民阶层中最边缘群体关心的问题，倡导公民对调查中的既定问题提出自己的解决方案，直接与非政府组织合作以便在实践中解决这些问题。让人惊奇的是，人们把目光转向了丹麦这个富强的西方欧洲国家去发现这些新闻激进运动的证据。

## 丹麦第一个公共新闻项目

与迄今为止的各种非美国式项目一样，丹麦第一个公共新闻实验项目和美国实验相似。1997 年，《奥尔胡斯教区时报》和《菲英教区时报》两家区域性报纸，分别采用公共新闻手段对日德兰半岛和菲英岛当年的地方选举进行报道。《奥尔胡斯教区时报》通过电话调查来了解选民最关注和最希望报纸报道的话题，这只是“选民选举”项目的一部分。调查显示了当地的公共学校现状、大量涌进的移民和难民、老年人的生活条件及人们有能力购买的住房的短缺问题都是选民们最关心的。随后，《奥尔胡斯教区时报》对这些问题深入报道并要求候选人回答与他们每个人相关的那些选民所提出的问题。同样，作为“你的选举”项目活动之一，《菲英教区时报》深入报道了菲英岛的 32 个市政区。每天抢先于选举开始的是报社每天聚焦报道一个地区面临的特别的问

题。《非英教区时报》还与每个区的75名符合资格的选民联系并要求 127 128
他们来对候选人提问。从所收到的大约700个问题中，350个将被转交给候选人，他们的回答也刊登在报纸上（汉森，1999）。

## 新闻的激进主义

丹麦的首次选举项目再现了在美国普遍实施的实践活动，尤其是用来了解选民关心话题的电话调查、对这些话题的深入报道以及各种形式的选民与候选人的互动交流，可丹麦随后开展的项目与美国新闻项目有着本质的不同。《哥本哈根日德兰邮报》是《日德兰邮报》的哥本哈根版，它是来自日德兰半岛的一家区域性报纸。它在1998年发起了“不公平的学校”的项目。正如报社一位资深编辑所说，此项目的主要目的是调查在哥本哈根的公立学校里越来越严重的种族隔离的原因，并探讨我们应该采取什么行动“来进一步发展有着非丹麦籍种族背景的儿童的种族融合”（罗森达尔，2001，p. 1）。

虽然这个项目的大前提和许多美国的项目相似，是要调查紧迫的社会问题的成因及确立可行的问题解决方案，但《哥本哈根日德兰邮报》采取了更激进的新闻报道方式。的确，参与这个项目的新闻工作者不仅拥护他们自己对这一问题的解决方案，同时也力求得到其他相关人员，特别是学校管理人员、家长和学生的批评性评论，以此来对自身定位，如第二章讨论到的，在问题解决的过程中作积极的参与者。例如，在一

128 129 篇调查西桥区韦斯特伯的公立学校日益增长的种族隔离现象的文章中，对于邻里间高度关注非丹麦籍种族背景的问题上，新闻记者提出了两种不同的解决方案。他们建议可以建立一种种族间更加融合的学校体系：用公车接送那些具有非丹麦籍种族背景的儿童到哥本哈根的其他学校，或者建立一个登记注册中心以确保在西桥区的所有学校招收相同数量的有这样背景的儿童，文章中引述的两条方案都遭到当地公共学校的拒绝，无论是以丹麦还是非丹麦儿童为主的学校。学校提倡增进家长之间的社会交流。学校表明对种族隔离问题最切实可行的方法是家长彼此之间努力克制相互偏见，校方承认当地的公立学校包括它们自己都没能做到这一点（参见罗森达尔、布罗，1998）。在其他文章中，新闻工作者提议和讨论了其他可选择的解决种族隔离问题的方法，如把非丹麦儿童为主的学校推荐给丹麦父母，将分别服务于丹麦儿童和非丹麦儿童的学校合并，甚至限制家长为他们的孩子选择学校的权力。

此外，在第二章中已经讨论过，不同于美国式项目的一点是项目的核心目标集中在所有公民都关注的问题上，《哥本哈根日德兰邮报》努力聚焦在居民边缘群体关心的问题上。除了对既定问题的两个或多个冲突观点进行传统的平衡报道外，此报还刊登了很多从特定公众视角出发、受编辑干涉极少的文章。这些文章叙述了不同种族的夫妻将孩子送到种族分离学校的观点和经历、分属不同种族的夫妻的孩子去种族融合学校的观点和经历，以及具有非丹麦籍种族背景的孩子去种族分离学校和种族融合学校的观点和经历。

《哥本哈根日德兰邮报》的相对更加激进的立场在最近的很多其他 129 130
项目中也体现出来。在2000年，哥本哈根广播电台，隶属于为全国公共广播服务的丹麦广播电台的一家哥本哈根当地的广播站，创办了一个项目，目的是解决在哥本哈根各种与交通相关的问题。作为“交通项目”的一部分，站台的新闻工作者不仅创办了一个听众可以提出自己的解决方法并与其他听众进行讨论的网站，而且提出了怎么解决如交通事故、空气污染、交通拥挤这类问题的四个详尽的方案。在后来2001年的“交通生活”项目中，丹麦电台、哥本哈根电台和一家主流的全国性报纸《政治报》，一起努力去解决与交通相关的问题，它们通过联系当地警察分局，用对交通问题的高度关注来鼓励警察进行常规的交通检查，这些方法是跳出报纸之外的。在“交通项目”期间，一家合作媒体《政治报》刊登了名为“读者讨论”的定期专栏，有兴趣的读者可以在专栏上就相关的交通问题提出他们的看法（亨里克森，2001）。也是在2001年，《哥本哈根日德兰邮报》、哥本哈根广播电台、丹麦电视台的地方协调组（一家哥本哈根当地的商业电视台）合作了一个项目，目的是找出有助于丹麦社会移民融合的方法。作为它们共同的“桥梁建筑者项目”的一部分，电台和电视台邀请了来自七个不同国家的新移民，提供机会让他们阐明自己特别关注的问题，并用这些来制作新闻和其他节目。《哥本哈根日德兰邮报》与当地商家取得联系并鼓励他们给在哥本哈根商业中学上学的新移民提供实习的机会。此外，合作媒体伙伴鼓励居民用可行的办法来帮助解决问题，并且建立了网站让居民自己

130 讨论这些解决办法（拉斯穆森，2001）。2002年，菲英的五家新闻机构《菲英州报》、《菲英时报》、菲英广播、丹麦电视二台和菲英电视二台（TV2/FYN）合作开展名为“生活时代”的项目，为的是寻找方法减轻工作场所的压力。作为项目的一部分，新闻机构工作者就雇主怎么帮助他们的员工更好的平衡工作需求和家庭生活之间的冲突问题提出了许多建议（约根森，2002）。类似的，2003年和2004年，一个附属于丹麦电台的日德兰当地电台 DR Midt & Vest，开展了两个项目“进行中的未来”和“工作中的老年人”，其关注焦点分别是丹麦农村地区的人口剧减状况和老人的就业问题。新闻工作者就如何处理这些问题提出了不同的建议。（卡姆斯加，2005）。在2005年，丹麦广播电台和《政治报》合作开展了一个称为“它会有多难”的项目，其用意是解决具有非丹麦籍种族背景的居民的就业问题。如同在“桥梁建设者”项目中进行合作的媒体做的事一样，丹麦电台和《政治报》为具有非丹麦籍种族背景的公民提供机会让他们发言，同时通过邀请新移民讲述他们遇到的障碍，并创立移民之间讨论这些障碍的网站来讨论他们特别关注的问题。合作媒体也联系地方商家并鼓励他们为新来的移民提供实习或就业机会（参见项目网址 http：//www. dr. dk/pl/hvorsvaert）。

为使公共新闻成为每日新闻实践不可缺少的一部分，一些丹麦新闻机构也已经采取了措施。2003年，一家主流的国家级报纸《贝林时报》开展了名为“接近读者”且持续进行的创新活动，其目的就是了解居民最关注的问题和居民希望怎样报道这些问题。作为活动的一部分，

《贝林时报》建立了一个内部研究组，到目前为止，这个研究组已经对 130 131
3000 多个居民和成员超过 400 个定期读者的焦点小组进行了深入访谈（桑德加，2005）。同样，在 2005 年，菲英岛的区域性报纸《菲英州报》也开展了一场持续进行的名为“亲近者”的活动，这与瑞典的以移动的新闻编辑部为主要特色的《每日新闻》相似。移动新闻编辑部的新闻记者到菲英岛的不同地区来了解当地居民关心的问题，他们举办论坛让居民就他们关注的问题进行讨论，并积极地为以后的报道征求评论和建议（约根森，2005）。

## 公民与专家的互动

除了新闻观点比美国激进外，丹麦的新闻机构也不同于美国的新闻机构，因为它有居民和专家的参与。前一章讨论到，尽管美国项目中的一个关键目标是居民参与既定问题的解决进程，但除少数例外（最特别的是在威斯康星州麦迪逊市的“我们的人民”项目），公民和专家在问题解决过程中的角色安排是不平等的。具体地说，当鼓励公民设定并实施基于当地社区的解决方案时，更加有深远意义的影响全局的方案还是留给了专家。相反，在丹麦的项目中，市民参与问题解决方案的发展进程，而专家则是居民决策的顾问，由此有效地改变了在许多美国项目中专家和公民的角色。事实上，在所有的丹麦项目中，公民和专家是以类似于共识会议模式的互动形式参与进来的。但是没有证据说明参加这些

131
132
项目的新闻机构试图有意模仿，或是意识到这种形式是丹麦共识会议，这些新闻机构用一个高度平等的公民和政治文化作为根基，他们提出类似的公民与专家的互动模式，这并不出人意料。

在“交通项目”中，哥本哈根广播电台在500多个志愿者中选出10个市民组成了一个小组，这一小组负责为未来10至15年间各种与交通相关的问题的解决构建战略性的计划。更具体地是，在共识会议期间，哥本哈根广播电台也安排了许多在交通相关问题方面的专家与此小组会面。每个专家有20分钟的简短介绍，随后小组成员会提问并讨论这些问题。接下来，哥本哈根广播电台将安排部分专家随时待命，以便小组成员决定召集他们商议未来的计划；在几个不同的场合，那25个自愿作为公民顾问的专家曾多次被召集。和哥本哈根广播电台一样，负责“交通生活”、“桥梁建设者工程”、“生活时代”、“进行中的未来”、“工作中的老年人”和“它会有多难”项目的合作媒体，也召集了负责对研究问题构建实质性方案的市民小组，并多次安排各类专家与小组会面。在共识会议期间，各个市民小组的最终建议公布在由包括哥本哈根市长（“交通工程”）、交通运输部长（“交通生活”）、内政部长（“桥梁建设者工程”）、代表雇主和雇员的两大工会的主席（“生活时代”）、农业部长（“进行中的将来”）、就业部长（“工作中的老年人”）和联合部长（“它会有多难”）主要政府官员参加的公共听证会上。

132
133

## 政治的激进主义还是平民主义

对于为何丹麦公共新闻项目在这些重要方面不同于美国，我们很难给出某种令人信服的结论，但有几点合理的解释还是要考虑一下的。一方面，由丹麦诸新闻机构提出的更加激进的新闻立场有助于丹麦新闻工作者形成更激进也更职业化的自我认知。伦德、詹森和毛罗希（2001）在一个对全国800多名广播记者的调查中发现，有97%的回答者认为新闻记者应该使政府官员对解决社会问题负责，94%的回答者认为新闻记者应该帮助增大公民在民主化进程中的参与力度。而事实上，将近三分之二（67%）的人认为记者应该帮助建立政治辩论的议程，差不多四分之三（73%）的人说记者们应该帮助公民构想解决社会紧迫问题的方案。这些数字至少从某种程度上能够解释，为何丹麦新闻机构不仅鼓励公民对既定问题形成实质性的解决方法，而且还提倡公民主动提出自己的具体方法，另一个调查结果或许在人们努力关注并解决居民边缘群体关心的问题方面给出了一个满意的答案。埃斯马克和克拉尔（2000）在一次对150个出版广播记者的全国调查中发现，将近四分之三（72%）的回答者认为记者们应该确保所有的政治利益在公共讨论中公平地呈现，接近三分之一（31%）的人认为记者应该服务于不受政治影响的个人或群体，并作为他们的代言人。

相反，美国记者把信息的调查、分析和传播作为他们的主要职责。

133 134 如第三章讨论的，人们发现记者们偏爱许多公共新闻的实践，其中三个主要的职责是调查政府声明（71%）、分析复杂问题（51%）和使公众快速得到消息（59%）（参见韦弗等，2006）。

丹麦记者和美国记者对自身职业理解的不同可以用丹麦和美国不同新闻系统的发展史，特别是媒体附属政党的程度来解释。美国新闻从政党性演变到商业性几乎消除了政治拥护这一传统（舒德森，1978）。相比之下，丹麦新闻和许多欧洲国家的新闻一样（帕特森，1998），保留了过去很强的政党附属性。虽然自 19 世纪 60 年代起丹麦新闻的政党附属性在衰减，可在 37 家日报中有 22 家仍与某个政党或某种意识形态保持联系（索林格，1999）。

丹麦新闻机构显示出的新闻激进主义归因于丹麦新闻工作者激进的、职业化的自我认识，而激进主义尤其为公民而非专家赋予了重要的职责，总的来说都同样可以被视为丹麦新闻媒介愈加浓厚的平民主义情结的表现。亚瓦德（2000）争论说在过去的十年，在各省地方的新闻机构发生了小范围的“造反”，来反对以哥本哈根为中心的国家新闻媒体中的精英主义。新闻机构，如《奥尔胡斯教区时报》和《菲英时报》所开展的并且前面提到过的丹麦第一个公共新闻项目，蓄意与以哥本哈根为中心的国家新闻媒体自上而下的新闻报道方法形成对比。由于地方的新闻机构设想自己是“人民的心声”，已经开始把公民关注的问题当作每日新闻报道的核心而不是将丹麦社会的主要政治机构作为核心。他们把公民而不是专家、政府人员或其他社会精英作为他们的主要信息来源。亚瓦德（2000）指出当地方新闻机构开始应用平民主义新闻报道方式之时，近些年来，平民主义已经在以哥本哈根为中心的全国新闻媒体机构中取得了发展，包括丹麦广播公司，它是另一家杰出的涉及公共新闻的新闻机构。展示丹麦广播公司愈加浓厚的平民主义的一个例子是在1999年创办的1999年创办的“1999电视系列节目”，一档每日一期的新闻电视节目，公民在没有专家和政府人员参与的情况下在节目里构想和讨论紧迫的社会问题的解决方案（布朗，2004）。 134

丹麦新闻机构的政治拥护传统使得记者能对政治议题表明立场，代表公民推进政治活动的进程，然而，丹麦媒体日益浓厚的平民主义则对解决政治问题的传统途径提出了挑战，特别是政党问题。值得说明的是，平民主义和对已有政党的不满也是欧洲的大趋势。这一趋势还可归因于人们意识到的福利危机，加入欧盟后的焦虑和来自第三世界移民的威胁（例如参见：贝茨，1994；海沃德，1996；帕金、塔格特，2000）。

丹麦媒体日益浓厚的平民主义不仅帮助解释了赋予公民而非专家以重要职责的原因，还映射了公共新闻实验的历史轨迹。在地方新闻机构（例如《奥尔胡斯教区时报》和《菲英时报》）开展了第一个项目后，许多项目也在以哥本哈根为中心的国家新闻机构（例如丹麦广播公司和《政治报》）及地方新闻机构（例如《哥本哈根日德兰邮报》、哥本哈根广播电台、丹麦电视台的地方协调组）中展开。《哥本哈根日德兰邮报》是一个与此相关的有趣事例。它的几次公共新闻尝试可以被看作是总公司《日德兰邮报》的努力，蓄意把平民主义新闻报道方法带到首

134 135 都。的确，哥本哈根版发行了仅几个月后，它便发起了第一个项目——“不公平的学校”。以哥本哈根为中心的国家和地方新闻机构的广泛参与和美国的情况形成了鲜明的对比。如第三章所述，美国的绝大多数项目是由市区外的地方新闻机构实施的。

# 第八章　从公共新闻到公众的新闻

仅仅 15 年间公共新闻运动就发生了巨大的变革。公共新闻运动最初是美国少数中小型规模的报纸实施的一些偶尔为之的项目，发轫时期的影响相对较小，之后全球数以百计的各种规模的报纸、电视台和广播电台都成为公共新闻的实验阵地，并使各种公共新闻实践活动成为编辑部门日常工作必不可少的一个环节。在本书的最后一章里，我总结了公共新闻实践的最新数据，讨论了新型的以公民为基础的报道立场在新闻报道、协商、解决问题过程中是否

137 138 进一步深化了公共新闻运动的民主理想。我个人对此运动的看法是：新型的以公民为基础的报道立场进一步推动了公共新闻的发展。

通过各种实证数据，首先，我给大家提供一组关于国家公共新闻的概括资料。尽管公共新闻运动继续吸引新的、忠实的新闻支持者，新闻机构却更普遍地采取了重要措施去培育针对新闻的批判性公共领域。新闻机构工作的重中之重是使其工作人员和受众之间的互动更加容易而不是促进公民间的互动及公民与政府之间的互动。简言之，随着公共新闻运动的继续发展，两道鸿沟推动新闻运动继续向前。这两道鸿沟存在于新闻机构与受众、公民与政府之间。目前，新闻机构应当努力缩小第一道鸿沟。

对公共新闻运动目前的发展态势作出宏观分析之后，我将详细调查基于网络的传播媒体，特别是公民博客、超社区网站、韩国在线网络媒体 OhmyNews 以及全球独立媒体中心网络 Indymedia 是否深化了推动公共新闻运动的民主理想。首先，正如许多学者和新闻观察家所预测的那样，公民博客的出现不会宣布“公众的新闻”（public's journalism）的到来。其次，在其他的出版物中，公民博客依附于原创新闻，并通过暗示信息源的观点趋向于再次传达主流新闻机构的新闻报道和评论，并且主要是激励持相似政治信仰的公民个体之间互动。从这些重要的方面来看，我得出这样一个结论：公民博客中的话语不仅与公共新闻运动的民主理想背道而驰，而且落后于公共新闻运动所取得的实际成绩。

接着我将阐述所谓超社区网站的运作方式和主要内容。首先，虽然这种社区网站不同于公民博客（公民博客以独立性、独家新闻报道为特征），但是超社区网站经历了新闻工作特有的分工，借此，新闻工作人员承担了报告当地公共问题和事件的责任而居民则报道自己感兴趣和关心的事物。更笼统地说，超社区网站把推广理想社区作为一个统一网站的共同价值观和目标，却没有承认当代大多数社区不是因为斗争，而是因为利益，已经分裂成多个不同的社会群体。 138 139

最后，我分析了几种更大规模地推广以公民为基础的新闻报道、协商和解决问题的途径，如韩国在线网络媒体 OhmyNews 和全球独立媒体中心网络 Indymedia。我认为，尽管韩国在线报纸作为超社区网站，其运作方式在新闻工作特有的分工方面仍存在问题，但一般来说，它的新闻报道在模仿主流新闻媒体。

相比之下，我认为，独立媒体中心网络 Indymedia 推广了一种非主流的、以公民为基础的新闻报道和评价方式，这种报道和评价方式与主流新闻媒体是不相容的；其促进了不同政治信仰的参与者之间相互尊重的互动以及主张促进社会政治经济变化的政治激进主义。在这些重要方面，我认为，独立媒体中心网络 Indymedia 中的语篇最能代表真正的公众新闻。因此，我认为，最近繁多的以公民为基础的媒体交际并没有削弱主流新闻机构试图进一步深化公共新闻民主理想的责任。

## 公共新闻现状

迄今为止，在全面的公共新闻实践研究中，弗里德兰和尼科尔

139 140 （2002）发现，600 多项美国公共新闻创新活动中的 45% 是由参与公共新闻实践长达五年或更长时间的新闻机构所实施。尽管这些统计数据能够合理解释许多新闻机构坚定、持久地投身于公共新闻运动这一事实，但它们也指出，无论是根据短期实验还是凭借哲学原则，公共新闻并没有影响新闻机构本身。我们有理由相信，即使在过去五年没有进行类似领域的研究，公共新闻运动仍以“小步前进”为特点向前继续发展。

大量事实表明公共新闻运动继续吸引着新的新闻工作者的支持者，其致力于使公共新闻运动融入信息收集、新闻报道以及业绩评估的实践中。自 2001 年以来，美联社常务编辑开展了持续进行的“全国诚信圆桌会议方案”的创新活动，此活动旨在加强报纸和读者的联系。大约 200 种报纸都已经采取了多样化的公共新闻实践，但在这 200 种报纸中，还有一定数量的报纸不在弗里德兰和尼科尔（2002）所做研究的时间框架（1994－2002）之内。具体来说，许多报纸已开始：（1）竭尽全力地鉴别公民特别关注的话题，如定期举行非正式会议，旨在了解公民的关注点；建立正式的读者小组负责提供报道主题的建议；派遣记者到不同地区，特别是少数民族地区，与当地居民探讨新闻素材；（2）从市民的视角报道这些话题；（3）通过固定不变的问答栏目和市民记者的电子邮件组，设法获得和回答公民的反馈信息（参见 APME，2002，2003；布里克曼，2005；布朗、索尔森、弗莱明，2006；奎因兰德、布科、贝伦斯，2004）。重要的是，布朗等人（2006）比较性地研究了参加和没有参加美联社常务编辑创新活动的报纸。结果表明，在参与新闻创新活动的报纸当中，新闻编辑部致力于这些和其他促进公共新闻发展实践的报纸数量最多；在其他报纸中，竭尽全力实现市民参与新闻采集、新闻报道、业绩评估的报纸也很多。以上结论检验了布朗等人（2006，p21）的观点：一些公共新闻活动的核心思想具有持久影响。 140

此外，在过去几年里，许多新闻机构在培育新闻的批判性公共领域方面采取了重要措施（见第二章）。尤其是美国及国外越来越多的新闻机构包括英国广播公司、哥伦比亚广播公司、《卫报》、《休斯敦纪事报》以及《纽约时报》都在网上进行了所谓的编辑博客的合作，在这些网站中有资深编辑在编辑博客中对编辑的具体决定作出解释，征求问题、评论，以及回复读者关注的问题（参见杜布所列出的数十个编辑博客，2007）。使人印象最为深刻的是许多新闻机构，包括《达拉斯晨报》、《萨克拉门托蜂报》、《西雅图邮报》、《发言人评论》和《威奇托鹰报》都在网上所谓的编辑董事会博客里展开了内部互动，在网上，编辑董事会的成员无论是作为个人还是作为集体，都扼要地说明了对即将发表的社论的意见，并和感兴趣的读者讨论这些意见，还经常就读者对已发表的社论评价作出答复。也有一些新闻机构，如《西雅图邮报》，在每天的编辑董事会之后，紧接着宣布将在次日刊登的话题，如《达拉斯晨报》从读者中征求意见并把这些意见作为编辑董事会上讨论的话题。（参见格拉泽，2004；奥乌汀，2005；威利，2003）。简言之，许多新闻机构通过直接与公民的互动使编辑的决定更透明也更公开。

证据表明，公共新闻运动不断进入新闻课堂。在迄今为止最全面的

140 141 研究中，迪克森等人（2001）发现，12% 的美国新闻课程都有致力于公共新闻运动的具体讲述，84% 的课程都把公共新闻运动作为一个讨论话题，或是用于新闻实践的教学。其次，虽然在过去的 6 年里没有可比较领域的研究，但仍有许多基于公共新闻理念的新闻课程的例子。包括美国一些最负盛名的新闻学院都开设了完整的课程。例如，2006 年，内华达大学的雷诺兹新闻学院开设了互动环境新闻方向的硕士学位课程。作为这项计划的一部分，学生们学习如何使用新技术推动公民、专家及政府官员之间关于环境问题的协商。与此类似，2006 年，阿拉巴马大学的传媒和信息科学学院与一家当地的报纸《安尼斯顿明星报》联合成立了“艾尔斯家庭社区新闻研究所”。作为合作伙伴的一分子，主修新闻方向的硕士生不仅在大学学习基于公共新闻理念的新闻报道方法，还可在报社获得实际的编辑经验。唐纳德雷诺兹基金会捐助密苏里大学新闻学院三千一百万美元，用于建立新闻学研究和培训机构，旨在使公民、新闻记者、新闻学者聚集一堂，通过讨论和实验的方式强化新闻的民主功能（详情请访问上述各研究所或基金会网站）。

虽然公共新闻运动不断吸引新的、坚定的新闻媒体支持者，我们也有理由对一些现行创新活动承诺的深入程度提出质疑。首先，值得注意的是，由于近日各媒体丑闻剧增，精英新闻机构如哥伦比亚广播公司、有线新闻网、《新闻周刊》、《纽约时报》、《今日美国》所做出的各种努力都是为了使编辑决定更加透明也更具使命感。举两个突出的例子：哥伦比亚广播公司的编辑博客“公众之眼”的创建是围绕“文献的真实

性存在争议”的丑闻。这组文献最初刊于哥伦比亚广播公司的“新闻 141 142
60 分”。文章说，布什总统在得克萨斯州空军国民警卫队服役期间享受了优惠待遇。相似地，《纽约时报》社论版博客“公众编辑日志”，也刊载了关于记者杰森·布莱尔所作的不实报道。对比这些事件发生前后编辑博客的反应，使公众想要知道创建编辑博客的根本动机是使编辑决定更透明、更开放，还是为了巩固其早已丧失的信誉。事实上，公众担心随着媒体丑闻逐渐淡出公众视野，许多现行的创新活动也会被放弃。此外，虽然现存的编辑博客没有用于任何学术研究，但是通过我个人对这些网站的研究表明这些网站的确还需进一步改进。例如，许多编辑博客确实是用来解释具体的编辑决定并回复读者的问题和意见的，但竟然几乎没有称呼，也没有致谢。影响新闻制作过程的主要因素是媒体所有者和广告人的商业兴趣、组织压力和日常工作、采集多样化信息和新闻报道大会。同样，虽然许多编辑董事会博客确实发表了具体的新闻议题和社论，但这些具体的新闻议题和社论几乎都没有包括这些讨论——编辑董事会成员通过他们的编辑活动试图取得的政治目的。

从更宽广的视角来看，通过对新闻机构如何使用在线网站的互动能力的实证研究表明，虽然新闻机构大力推动了媒体工作人员和受众之间的互动，却在推动公众之间互动、公众和政府官员互动方面做得非常少。例如，虽然事实上所有的在线报纸普遍都有新闻编辑室的电子邮箱地址、工作人员的电子邮件通讯录及读者有机会向在线编辑递交信件的特征，但是不到一半的在线报纸给读者提供直接互动的机会，包括：论

142 143 坛讨论（45%）、链接网站讨论（21%）、社区聊天论坛（2%）。事实上，只有19%的在线报纸可通过电子邮件直接和特定新闻报道的政府官员联系，但是没有一个在线报纸以在线聊天论坛形式给读者提供和政府官员直接交流的机会（参见格里尔、门辛，2006；罗森伯里，2005；叶、李，2006）。

## 公民博客

正如先前讨论所表明的，主流新闻机构仍然渴望推动公共新闻运动的民主理想，越来越多的学术和新闻观察家预计：新闻报道、协商、问题解决的各式以公民为基础的会场，有助于民主理想深入人心。事实上，许多观察家预计出现舒德森（1999，p. 122）所提出的“新闻的第四种模式”，在这种模式之下，“权利不属于市场、政党、记者，而属于公众”。这是从公共新闻到公众的新闻的一个最明确的表述（例如参见：弗里德兰，2003；海诺宁、卢奥斯塔里宁，2005；威特，2004a），这也被称为“公共新闻的第二阶段”（参见聂，2006），现任公共新闻网的主席伦纳德·威特指出（2004b，p. 3）：

> 博客和其他电子交流工具深化了公共新闻原则。公众，很大程度上作为公共新闻哲学的一部分，不再受邀于公共哲学，而是这部哲学著作的主人。

以下各节中，我将讨论最有前途的网络媒体，例如公民博客、超社 143 144
区网站、韩国在线网络媒体 *OhmyNews*、全球独立媒体中心网络，是否真正推动了公共新闻的民主意识，是否与植根于我自己内心的对新闻运动的期望相一致。我首先提到的是公民博客，这种特殊的通信媒介，如上述引述，不仅启发学者和新闻观察家更多的思考，还吸引了研究界最多的关注。

自从 20 世纪 90 年代初期以来，博客技术已经出现，因为简单易用的外表、可免费获得的软件如 Blogger、Livejournal 和 Weblogger（布拉德，2002；拉西察，2002；莫滕森、沃克，2002），这种特别的网络格式在 20 世纪 90 年代后期迅速走红。事实上，从 1998 年约有三万博客（埃米斯，2002），到后来公民博客的数量增长到大约 5200 万（Technorati 网站，2006）。虽然很难确定这些博客涉及新闻和时事的比重，但内容分析表明，大约 17% 的博客完全或部分地（帕帕查维奇，2004）报道这些话题。在 17% 的博客中，以政治为宗旨的博客约 880 万个。这种博客被认为是继个人博客或家庭博客（慧兰，2003）之后备受关注的第二大最受欢迎的博客。

如果说操作简单和免费获得的软件使博客迅速蹿红，那么关于博客的民主化潜能的广泛可见度和推测度则很大程度上归功于一些引人注意的事件，这些事件有一种所谓的能力，这种能力能够把一些话题强加于主流新闻媒体机构并激发政治和新闻领域的变化。非常重要的是，许多观察家声称，成千上万的博客作者的共同宣传迫使议员特伦特·洛特辞

144 职，起因是作为美国参议院多数党领袖，他在前议员斯托姆·瑟蒙德百岁诞辰庆祝活动上发表了涉及种族性敏感言论。在整个事件中，特伦特·洛特的核心观点是：如果种族主义者瑟蒙德赢得1948年美国总统大选，世界会变得更好。虽然庆祝活动是由有线电视网络现场直播，但是特伦特·洛特的言论最初根本没有引起主流新闻媒体的关注。在第二天的报纸上，《纽约时报》仅仅刊登了一幅关于此事件的照片，《华盛顿邮报》则在报纸内页上刊登了一篇简短文章。只有洛特的言论出现在热门记者维权博客站点以及许多其他博客上之后，主流新闻媒体才开始关注此事件（参见布卢姆，2003；鲍曼、威利斯，2003；赖特，2003）。同样地，许多观察家声称上述新闻编辑室报道丑闻的负面政治影响在很大程度上归因于公民博客。在其他最近发生的事件中，上万博客作者的共同宣传导致：（1）与记者杰森·布莱尔不诚实报道有关的《纽约时报》执行编辑豪威尔·雷纳斯和总编杰拉尔德·博伊德的辞职；（2）“文献的真实性存在争议”这则消息传出之后，哥伦比亚广播公司解雇了四名高层管理人员，这则消息最初刊登于哥伦比亚广播公司的“新闻60分”，其内容是关于布什总统在得克萨斯州空军国民警卫队服役期间享受了优惠待遇；（3）有线电视新闻网主管伊森·乔丹在世界经济论坛上发表讲话之后被开除，他说“在伊拉克战争期间，美军故意攻击美国记者”（参见帕尔瑟，2005；佩因，2005；斯莫尔金，2004）。

公民博客除了具有所谓的把握主流新闻媒体报道方向的能力，学者

和新闻观察家认为公民博客的民主意义还体现在其新闻报道的独立性和 144 145
原创性。许多观察家认为，主流新闻媒体凭借其精英信息源，采取新闻集中制、自上而下的报道方式；而博客凭借把既传统又被动的新闻消费者变成主动的消息生产者，使权力下放、自下而上的新闻报道方法更加容易（参见吉尔摩，2004；罗腾堡，2003；鲁蒂利亚诺，2004）。一个虽然不著名但被广泛引用的例子是关于平民解放运动的。最先报道此事件的是一个叫萨拉姆·帕克斯的人，他是一位匿名的伊拉克建筑师。在伊拉克战争期间，萨拉姆·帕克斯用他的博客 Where is Raed 定期发送目击证人报道。目击证人报道是关于美军轰炸巴格达之前、之间、之后，巴格达人民的生活状况。萨拉姆·帕克斯把他和他的亲友亲眼目睹的事实与西方主流媒体及阿拉伯新闻媒体的报道进行了比较（参见鲍曼、威利斯，2003；马西森、艾伦，2003；雷诺兹，2004）。

最后，学者和新闻观察家声称，博客间的互动性，特别是连接和评价其他以互联网为基础材料的实践，形成了与主流新闻媒体截然不同的新闻话语。尤其是在各种各样的消息源中，新闻报道和评论之间的对比实践，正如某个观察家把这种行为称作是一种“消费性生产”（罗腾堡，2003）一样。这种对比实践有助于实现新闻话语“视角多元化”（布伦斯，2005）、“声音多元化”（戈古拉，2004）、“互文性”（加洛，2003）。通过对比新闻报道和评论，观察家认为，博客作者不仅敢于挑战主流新闻媒体的特征：新闻话题和资料来源的范围狭窄（戈古拉，2004），而且允许潜在读者对大量的富有竞争性的事实陈述进行比较和

145 146 对比（加洛，2003）。正如一位观察家所认为的：

> 对于网络的过分依赖，呈现了一种知识模型，在这种知识模型中，使世界上正在发生的事实不可能只通过一个消息文本传播。相反，在使用众多的超链接中，人们认为博客获得了更多难以预料的影响力。（马西森，2004，p. 57）

综上所述，在公民博客的这些特征中，最值得注意的特征是：有能力把握主流媒体新闻报道的方向，提供独立、原创新闻报道，从各种不同消息来源中，对新闻报道和新闻评价进行对比，正是这种对比，使得学术和新闻观察家把公民博客的话语特征称作“业余新闻”（拉西察，2003）、“民间新闻”（莫滕森、沃克，2002）、“草根新闻”（基尔默，2004）以及“个人新闻”（艾伦，2002）。

虽然学术和新闻观察家推测，公民博客的出现揭开了“公众的新闻”发展的新篇章，进一步深化了公共新闻运动的民主理想，但是实证研究文献却展现了另一种不同的新闻报道。首先，虽然通过成千上万的博客作者的共同宣传，使得公众广泛注意近来发生的政治丑闻和新闻编辑室丑闻成为可能，但是并没有事例表明，公民博客强迫主流新闻媒体报道这些丑闻。最值得一提的例子就是洛特丑闻，其充分证明了博客作者把握主流媒体新闻报道方向的能力，很大程度上是受主流新闻机构的影响。正如先前提到的，特伦特·洛特的话语最初刊登在时下最流行的博客——记者维权博客站点，早在主流媒体全面关注此事件前，在线杂志 Slat 和《华盛顿邮报》抢先报道了此事。事实上，最早链接此新闻报道的是 Slat 而不是记者维权博客站点（参见鲍耶，2004）。相反，阿什比（2003）认为，深入研究这些丑闻表明：主流新闻媒体决定跟踪报道此类新闻，紧接着众议院多数党领袖洛特辞职，都可能很大程度上与共和党内部成员本身就反对洛特的领导方式有关，而不是受博客作者的影响。同样，当有线电视新闻网的首席执行官伊森·乔丹的话语最初刊登在某个名为论坛博客的网站上（此博客是致力于报道世界经济论坛的独立网站），由许多主流新闻机构（如《纽约邮报》、《华尔街日报》和《华盛顿邮报》）报道之后，才吸引了其他主流媒体的广泛注意力（参见聂，2006）。 146 147

笼统地说，除了被广泛引用的萨拉姆·帕克斯的例子以及一些博客作者受邀报道民主党和共和党大会的例子（参见莫拉兹，2005），几乎没有其他证据证明公民博客新闻报道特征的独立性和原创性。具有讽刺性的是，甚至萨拉姆·帕克斯也不再是独立的报道者，因为他已于2003年5月加盟《卫报》，现在效力于网络在线的《无限卫报》和英国广播公司（BBC）（图，2006）。

虽然公民博客上的新闻报道缺乏独立性和原创性，这是其自身显而易见的不足之处，但其民主意义或许在于，正如观察家声称的，公民博客挑战了主流新闻媒体的特征——话题和消息来源的范围狭窄。特别是，网络上许多非主流的消息提供者（参见阿东，2005），使博客作者

147 有机会借助多样化的意识形态来源报道范围广泛的新闻话题，因此有助于实现观察家提出的新话语形式——“视角多元化”、“声音多元化”、“互文性”。然而，研究表明，博客作者并没有挑衅说主流新闻媒体的话题和消息来源范围狭窄。其他受欢迎的、以公民为基础的媒体，如电子公告栏上所讨论的话题在很大程度上几乎也是遵循主流新闻媒体的议程（参见罗伯茨、旺塔、迪兹乌，2002），许多研究发现，公民博客上讨论的话题也遵循主流新闻媒体的特征——话题范围狭窄。甚至让人不解的是，一些研究表明：公民博客不是对比多样化意识形态来源的新闻报道和评论，而是对比精英主流新闻机构的范围狭窄的叙述。这些精英主流新闻机构包括《纽约时报》、《华尔街日报》和《华盛顿邮报》（参见阿达米克、格朗斯，2005；戴维斯，2005；德尔维什，2003；哈拉维斯，2002a；哈珀，2005；海默伯恩、索思韦尔［Southwell］，2005；霍普金斯、马西森，2005；梅斯纳、泰里利，2005；里斯、鲁蒂利亚诺，贤、青山，2005；雷诺兹，2005；瓦尔斯腾，2005；威尔士，2005）。

主流新闻媒体的同一模式影响了博客的新闻报道方式，这体现在战争博客或是效力于美国政府的“反恐战争”博客中。在对所选的两个战争博客的内容分析中，沃尔（2004，2005）发现，无论是新闻报道还是评论，战争博客的主要消息来源都是美国和英国的主流新闻机构，如英国广播公司、有线电视新闻网、《纽约时报》以及《时代周刊》，与非主流新闻提供者的链接只有约5%，而在这仅有的5%的链接中，

只有少数与中东非主流媒体链接。“对主流媒体的依赖性值得注意”沃 147 148
尔（2004，p. 13）指出，“这种现象提出了一个问题：与主流媒体的表达途径相比，战争博客是否提供了显著的不同视角?”沃尔和其他一些研究人员（参见哈拉维斯，2002b；雷登，2003；雷登、考德威尔、源，2003）已经发现，如雷登（2003，p. 162）所说，战争博客“依赖主流媒体内容的重新调节”。雷登等人（2003，p. 77）正确地指出：“如果战争博客太偏离主流议程的广泛社会关注，那么其将丧失关联性”。也就是说，对主流媒体的过分依赖也是不合理的。诸如博客报道的过度概括性，战争博客对主流媒体新闻视角的重新调节，都是加强精英信息源的观点而非挑战精英信息源的观点，表现最为突出的是美国政府。事实上，考虑到主流新闻媒体对战争博客的强大影响力，那么它对伊拉克战争的报道就越具体（例如参见科、多姆克、格雷厄姆、约翰、皮卡德，2004），因此战争博客作者支持美伊战争，就不足为奇了（参见约翰逊、凯，2004）。

因此，战争博客并没有影响主流新闻媒体，观察家声称，研究表明，战争博客作者不仅紧随主流新闻媒体的议事单，而且依靠主流新闻媒体对特定新闻话题的消息报道。鉴于主流新闻媒体报道是对特定话题的共同看法和不同看法的“检索”（参见贝内特，1990），博客作者更容易把潜在读者引入反应精英意见陈述的狭隘观点之中，而不是比较和对比大量的富有竞争性的事实陈述。具有讽刺意义的是，博客作者通过暗示精英信息源的消息而依赖主流新闻媒体，所以并不与公共新闻的民

148 149 主意识对立，但事实上，博客作者已远远落后于公共新闻运动所取得的实际成就。正如前几章中讨论的，公共新闻运动不仅要树立这样的理念：新闻报道应当源于普通公民的视角，而非社会精英阶层的视角。实证研究文献表明，实践公共新闻运动的新闻机构，依赖公民作为信息源，而不是把主流新闻机构作为信息源。

假如主流新闻媒体影响博客报道，确实具有讽刺意味，正如沃尔（2005）指出，许多博客作者认为，相对于起支配作用的有组织的主流媒体而言，博客作者既不会挑战主流媒体的主导地位，也不会凭借自己的报道或链接评价具有各种意识形态的非主流新闻提供者，博客作者如果不是补充主流媒体的话语就是通过进一步传播主流媒体的话语，加强主流媒体的主导地位。事实上，博客与主流新闻媒体的关系如果不是“寄生性”（哈拉维斯，2002），那么，这种“衍生性”的关系（安德鲁斯，2003；鲍耶，2004；卡罗尔，2004）准确地说是以博客世界为特点的。博客世界作为“大众政治观点的在线回音室”（辛格，2005，p. 192），而不是“新闻和观点的非主流领域”（雷登，2003，p. 162）。

尽管有不少研究已经关注博客作者在其超链接上的评论，可获得的事实表明，这样的评论如果不是暗示，也会服务于深入传播主流新闻机构的精英信息源。虽然一项研究发现，博客作者只关注无任何有价值评论的特定新闻报道（参见里斯等，2005），但另一项研究还发现，这些评论只限于传递在党派内的社会名流间的片面说辞。从选出的战争博客中分析关于伊拉克战争的文本，沃尔（2006）发现，支持战争的博客

作者拥护布什政府，反战博客作者的话语紧随民主党领导。总体而言，149 150
沃尔（2006，p. 122）总结到，“支持战争”和“反对战争”这两个组织反应了“由于缺乏原创性或是非主流性便导致了这样的问题：大体上说，战争博客是确实提供了非主流视角，还是提供了更个性化、发自内心的公众话语版本？”

博客作者的新闻报道缺乏原创性或非主流性还体现在他们抵触真正协商过程中的意识形态分歧。与主流新闻机构实践公共新闻运动截然不同，主流新闻机构至少还推行广泛的公众协商，而对博客内部链接形式研究表明，博客作者主要与其具有类似政治信仰的人互动。简而言之，保守派链接到其他保守派，自由派链接到其他自由派（参见阿克兰，2005；阿达米克、格朗，2005；戴维斯，2005；豪尔吉陶伊，加洛、凯恩，2005；里斯等，2005；威尔士，2005）。在极少数情况下，保守派和自由派博客作者会链接到对方的帖子，他们的评论经常包括“微人轻言”，由于存在根本性的缺陷，因此博客作者引用其他的政治观点都会被否认。（参见戴维斯，2005；豪尔吉陶伊等，2005）。

如果主流新闻媒体能够支配博客世界的话语，那么博客世界就会涌现出一批非常有影响力的博客作者。事实上，以同样的方式，精英主流新闻机构，如《纽约时报》、《华盛顿邮报》以及主要电视网络为许多小型新闻机构，显然也包括为公民博客设置了议程。这种现象通常被称为“媒体内部的议程设置”（例如参见麦库姆斯，2005），最有影响力的博客作者的角色被称为“博客内部的议程设置器”。舍基（2003）所

150 研究的433个博客中，排名前12的博客有20%的内部博客链接，排名前50的博客有50%这样的博客链接。最近，在研究的36个博客中，哈拉维斯（2004）发现了一个更加不均衡的分布：排名前7位的博客有50%的内部博客链接。同样，在对104个博客的研究中，莫拉兹（2005）发现，前10名的博客有52%的内部博客链接。

博客内部链接的高度不平衡分布，也存在于互联网网站的链接分布特点之中（参见鲍劳巴希、艾伯特，1999），尤其是有政治导向的网站（参见欣德曼、邱奇里奇斯、约翰逊，2003）。正如雅各布斯（2003, p. 10）正确地指出：博客世界出现了“内部等级”。事实表明，成千上万的博客作者互动并不会产生博客世界所讨论的话题，或者正如鲍曼与威利斯（2003, p. 9）所指出的，博客话题是“同时且分散会话的结果”，而不是“挑选出的一组博客作者的会话”。在某种程度上，这些博客作者，是从主流媒体的报道中获得线索，而不是主流媒体从博客作者中获取线索。博客作者作为中介，用卡茨与拉扎斯菲尔德（1955）关于语言的“两步信息模型”解释，博客作者作为“意见领袖”，从主流新闻媒体到整个博客世界传递信息。这与观察家认为“公民博客把话题强加于主流新闻媒体的议程设置”的说法是不同的。实证研究综述认为，议程设置过程呈反方向：从主流新闻媒体，通过某些有影响力的博客作者，再到整个博客世界。

由于缺乏大规模的调查，还很难确定为什么众多的博客作者链接少量的博客。但这种情况当然是可能的，正如莫滕森和沃克（2002）推

测，博客作者这样做是为了提高其信誉的可见性和可感知性。然而，流 150 151
行的网络礼仪要求博客作者回访链接他们的博客（参见米德，2002），博客内部链接分布的高度不平衡性表明，这些有影响力的博客作者没有和博客世界的其他作者进行互换。

主流新闻媒体对博客报道的影响，无论是作为一个整体直接影响博客世界还是通过博客作者影响博客世界，都强调了一个事实，即一些超链接的博客作者都是为主流新闻机构服务的专业记者，而不是那些写私人博客的普通公民。观察 *Blogdex*，*Blogstreet*，*Daypop*，*Technorati* 和 *Truth Laid Bear* 的博客内容，一些超链接博客作者如米基·考斯，乔舒亚·马歇尔和安德鲁·萨利文，他们都为主流新闻机构服务，如《新闻周刊》（考斯）、《纽约时报》（马歇尔）、《伦敦星期日时报》（沙利文）。作为主流新闻机构的雇员，这些博客作者不会像普通公众一样对比各种不同意识信息源的新闻报道和评论，以免使他们的雇主感到不安。事实上，有许多例子都是关于专业记者由于在私人博客中泄露新闻而被起诉，甚至被解雇的（参见奥尔森，2004）。

如果少数博客作者会产生不均衡的影响，那么按常理推测，主流新闻记者不会阅读公民博客并从中判断公众对特定话题的意见，就不足为奇了。在被调查的140多名为美国政府和地方新闻机构服务的记者中，德雷兹内和法雷利（2004）发现，虽然记者们集体阅读了125个不同的博客，但有10个最使人感兴趣的博客占被提及博客的50%以上。在主流新闻机构工作的记者中，这种不均衡性则更加明显；10个最使人感

151 152 兴趣的博客占被提及博客的 75% 以上。在所有记者中，米基·考斯，乔舒亚·马歇尔和安德鲁·沙利文的博客入围前五个最受欢迎的网络博客。考虑到少数博客作者对博客世界整体的强大影响力，主流媒体记者只需要参加这些博客作者的讨论区去获得对某些特定话题的意见。再次，因为这些有影响力的博客作者的博客链接到了主流新闻机构，而不是链接到非主流新闻的提供者，而且他们中的大多数本身是专业新闻工作者，主流媒体记者则会遇到反映自己的范围狭窄的观点，而不会遇到反映各种各样意识形态的观点。

## 超本地社区网站

正如学术和新闻观察家推测的那样，先前的讨论也表明，公民博客不会进一步推动公共新闻的民主理想。尽管它们定位于主流新闻媒体之外，博客作者也跟随主流新闻媒体的议程设置，依靠主流新闻媒体的新闻报道，就特定话题发表评论，因此，博客作者只是重新生产新闻而不是挑战主流新闻媒体的主导地位。同样的问题是，博客世界中的话语往往没有凌乱的意识形态痕迹，如果有，也是为数不多的具有不同政治信仰的个体之间的互动。

虽然大多数的现有推测都是关于以公民博客为中心的新的公众的新闻，但其他用于公众参加新闻报道的场所也同时存在，包括所谓的超社区网站。过去的 20 年中，许多地方新闻机构（主要是地方报纸）、地方公民机构、大学，为了从事自己的新闻报道给当地特定小区的居民创建了网站（参见杜布，2007，其中有十几个类似的网站）。由 J－Lab 给这些社区网站提供财政支持：该互动新闻研究所由皮尤公民新闻中心前任首席执行官詹·谢弗领导，通过“新声音”开展创新活动（参见 New voice 网站 http：//www. j－newvoices. org）。 152

尽管社区网站越来越流行，其实际的操作模型和内容几乎没有得到实证研究。事实上，除了对大学领导的创新活动的公民撰稿者予以调查之外，即密苏里大学的 *MyMissourian*（参见本特利、哈曼、伊博尔德、利陶、迈耶，2006）和威斯康星大学麦迪逊分校的 *Madison Commons*（参见弗里德兰等，2006），到此为止只有一项研究：聂（2006）对“西北之声”人种学的简要研究。

2004 年 5 月由美国加州贝克斯菲尔德当地的一家报纸创办的“西北之声”，是一个社区网站。顾名思义，该网站服务于加利福尼亚西北地区的贝克斯菲尔德社区。一个编辑、一个版面设计者、一位负责生产和销售的经理是这个社区网站的工作人员。重要的是，此网站根据编辑方针运行良好，其方针是：所有文章内容都与社区相关，除非是诽谤性文章，那它只好以最小的版面发表。实际上，编辑撰稿（大约 20% 的文章）和当地居民的撰稿已经出现了鸿沟。虽然工作人员有责任报告当地发生的公共问题和事件，鼓励居民撰稿，文章内容如聂（2006，p. 224－225）指出的“作为父母、学生和老师的“私人”兴趣和关心的事”。因此，聂（2006，p225）指出“西北之声”不允许居民发表对

153 公众问题的看法。在聂（2006）研究的时间框架内（2005 年 2 月 22 日至 3 月 4 日），社区网站工作人员报道了各类地方性的公共事件，同时给居民打电话征求特定话题的文章，这类话题包括：即将举行的学术盛典、学校和俱乐部筹款、家庭招待会、家长教师见面会、体育赛事、团队选拔赛等事件。更广泛地说，“西北之声”网站不涉及和政治有关的内容。居民撰稿内容有：汽车、庆典、竞赛、外出就餐、健身、园艺、家庭、赛马、宠物、照片、食谱、户外生活、体育和旅行（参见 http：//www. northwestvoice. com）。

虽然从一个案例概括出社区网站的共性是不容易的，杜贝（2007）列出的我个人对许多社区网站非正式的评论表明聂（2006）的调查结果实际上可能具有更广泛的代表性。像“西北之声”一样，许多社区网站对网站新闻的运行是靠新闻分工进行的，因此工作人员承担报告当地公共问题和事件的共同责任，而且鼓励当地居民写有关私人兴趣和关心的事。事实上，许多社区网站把居民当作个体的新闻生产者和消费者，这些新闻也只是关注和居民有关的日常新闻，而不是把居民当作卷入公共政治团体的成员。例如，*Backfence. com* 在加利福尼亚州、马里兰州和弗吉尼亚州拥有 10 个社区网站，此网站自称为“一种新的方式，旨在了解与你密切相关，对你非常重要的社区正在发生什么事”。接着，*Backfence. com* 列出了撰稿内容的提纲。这些稿件通过以下方式受到欢迎：

> 街上都有什么新鲜事儿？谁知道上哪儿找一个技术娴熟的油漆匠？ 153 154
> 谁是垒球锦标赛冠军？在哪能找到正宗的泰国菜？你有没有看到教堂筹款者们拍的照片？谁是下届的中学校长？如何找到适合骑自行车的小道？下一次家长教师联谊会什么时候开会？
>
> （参见 http：//www. backfence. com）

同样，其他社区网站把自己称为“空间”，在这个空间里消费者可以在他们的镇上找到引导日常生活的任何必需品（*American Town Network*，http：//www. americantowns . com），甚至是“了解当地商业的最好方式，因为广告让您随时了解本地餐馆、娱乐场所、商店和储蓄的最新服务”（*Blount Country Voice*，http：//www. blountcountyvoice . com）。事实上，有显著的例子说明社区网站是一种推销的工具而非新闻报道。在对横跨六州，链接了100多个地方网站的网络 *Your Hub* 的研究中格拉比斯科（2006）发现“社区网站的内容比草根新闻更加强调公共关系”。*Your Hub* 提供了一个场所，“在此场所中，宣传人员确保产品排名完好无损，保证发表它们的文章”。

更笼统地说，社区网站的出现强调了地方社区价值观和目标的统一性，但不得不承认，大多数现代社区不是因为斗争，而是由于不同的利益分裂成多个不同的社会群体。仅举几个例子，例如 New West Network，覆盖6州拥有10个社区网站，其目标是“分享共同的利益和希望”（参见 http：//www. newwest. net）；Backfence. com 的目标是“把社

154 155 区集体智慧统一起来”（参见 http：//www. backfence. com)；南卡罗来纳州布拉夫顿的社区网站是 Bluffton Today，其目标是“作为一个社区，帮助布拉夫顿联合起来”（参见 http：//www. bluffton. com)；明尼苏达州的 North field Cities Online，描述其目标是“加强诺斯菲尔德区更大的团结”（参见 http：//www. northfield. org)。

最后，尽管社区网站有充分的机会反馈个体文章，或是和用户在论坛上讨论，但大多数社区网站的特点是几乎没有和使用者的真正互动。事实上，我自己的非正式研究表明，乔治（2005）对 Backfence. com 缺乏用户互动的研究，普遍适用于社区网站：“点击 Backfence. com，对人们来说就像是面对一片偏远、孤寂的边疆，无任何家庭。”因此，与博客世界对比，现实中的公民至少可以与有类似政治信仰的人互动。尽管没有研究解释为什么会出现这种现象，但可能的原因是：与公共网站相对应，重视当地居民私人利益和所关心之事的网站解释了缺乏互动性的原因。简而言之，社区网站的信息可以容易地访问和使用，而无需与其他人互动。

尽管如此，还有一些社区网站不仅从事地方公共事件的报道和协商，还承认大多数现代社区支离破碎的本质。很巧合的是，许多社区网站都是由公共新闻运动的资深人员领导，由互动新闻研究所提供财政支持。例如，由威斯康星大学新闻与传播学院教授刘易斯·弗里德兰负责的社区网站称为 *Madison Commons*，此网站开办的目的是为麦迪逊当地最贫穷的少数民族社区居民提供一些机会去了解和他们息息相关的政治协

商报道。同样，在《明尼阿波利斯明星论坛报》任道德专栏作家的杰拉 155 156
米·伊格尔斯负责叫作 Twin Cities Daily Planet 的社区网站。与 *Madison Commons* 一样，Twin Cities Daily Planet 服务于公共新闻报道和政治话题的协商，这些政治话题与明尼阿波利斯和圣保罗地区的种族分歧有关（请登录 Madison Commons 网站 http：//www. madisoncommons. org 和 Twin Cities Daily Plane 网站 http：//www. tcplanet. net 获取进一步信息）。

## 韩国在线网络媒体与独立媒体中心

与社区网站不同，社区网站充其量旨在激励以公民为基础的新闻报道范围相对狭窄和以地理位置为基础的社区（例如 *Madison Commons* 和 *Twin Cities Daily Planet*），其他以网络为基础的新闻创新活动，例如韩国在线网络媒体 *OhmyNews* 和全球独立媒体中心 Indymedia 网络则争取更大规模的公民报道新闻。*OhmyNews* 是最大、最流行的网站之一，每日约有 200 万的读者浏览量。一位著名的新闻调查记者 Yeon - ho 于 2000 年 2 月成立了韩国在线网络媒体 *OhmyNews*，他领导了一个相对较小的约 60 人的管理机构。*OhmyNews* 有超过 40000 个的公民记者报道新闻。每天报道的 200 条新闻中，由编辑审定并核实的 150 条是由公民记者发表的，其余 50 余条由该网站的工作人员提供。2004 年 5 月，*OhmyNews* 推出英文版，也就是 OhmyNews 国际版，依靠来自 80 多个国家的 800 多名公民记者运行。（参见申，2004；金、汉密尔顿，2006；英宇，

156 2005)。

尽管规模巨大，*OhmyNew* 仍与许多地方社区网站一样面临新闻分工问题。正如金和汉密尔顿（2006，p. 545 - 546）所说的那样，当其“工作人员报道当前重要的事件，这些事件有待进一步深入调查。公民记者发表和他们日常生活相关的文章”。此外，无论是由于网站工作人员校对行为的结果或是公民记者自己努力与专业记者和编辑人员竞争，许多文章的报道方式和主流媒体的公正风格是一样的。具有讽刺意味的是，即使 *OhmyNews* 的独特报道形式与韩国国内外传统的主流新闻媒体截然不同，其编辑政策还是反映出了主流媒体新闻的编辑政策。在国际版 OhmyNews 的“常见问题”栏目中，编辑通知撰稿人说，“拒绝采用的稿件存在以下问题即它们不符合传统‘新闻文体风格’，如忽略回答‘时间、地点、人物、事件、方式、原因”（参见 *OhmyNews* Internetional 网站 http：//english. ohmynews. com)。

与 *OhmyNews* 形成对比的是独立媒体中心 Indymedia，独立媒体中心作为重要的网站出现，真正体现了非主流、以公民为基础的新闻报道方式，并且提供与主流媒体广泛报道的话题相反的资料。它成立于 1999 年 11 月，由不同群体的左翼激进分子和反全球化激进分子在西雅图、华盛顿举行集会，反对世界贸易组织。从 1999 年在西雅图揭开序幕，独立媒体中心已成为一个拥有全球 140 多个独立经营的网络机构，并与 50 个国家的分会相互链接，读者的浏览量每日达 50 万到 200 万。除了个体分会，它还有一个 2000 年 5 月成立的主网站负责从网络上收集文章。虽然 Indymedia 开始作为草根现象应对全球化，主流新闻媒体却未能看到其产生的社会、政治和经济后果。它有一段时间是报道关于协商和对广泛社会正义话题采取行动的新闻，包括侵犯人权和环境退化。事实上，Indymedia 作为国际电讯服务的主要信息源，像美联社、路透社等媒体机构都通过其获得报道主要国际组织的游行和集会的信息。（参见加尔瑟隆，2006；皮卡德，2006；斯腾格里姆，2005）。 156 157

尽管有某些地方变体，个体分会的网站仍然遵循同一种格式。右栏是开放的新闻通讯，撰稿者可自由地以书面文字、照片、流媒体音频和视频形式上传自己独立的新闻报道，或是超链接其他非主流新闻媒体的新闻报道和社会正义运动的新闻。主页由公开的新闻专线的选择项目组成，称为“新闻特写”，通过每个独立分会的编辑们开展的以协商为基础的过程和即将来临的激进主义分子事件，从中选择“新闻特写”的内容。左栏是各类组织机构的信息和其他分部网站的超链接。

独立媒体中心的民主意义还依赖于其他特征。首先，与公民博客的特征不同，公民博客往往趋向于再次传达主流新闻机构的新闻报道和评论，而超社区网站和 *OhmyNews* 征求以公众为主的私人话题，而不是公众话题。独立媒体中心明确发表非主流的、不受主流媒体关注的、以公民为基础的政治性新闻话题和评论。事实上，研究表明，在个体分会网站的公开的新闻专线发表的文章是有可靠的信息来源及原创新闻评论和分析的。此外，与 *OhmyNems* 独立的写作风格不同的是，独立媒体中心的报道倾向于撰稿人对某个特定话题的个人政治观点（参见布鲁顿，

157 158 2004；杜兹，2006；扬科夫斯基、詹森，2003）。正如杜兹（2006，p. 65）所说的那样，组成独立媒体中心的文章是“个人体验描述”而不是“专业独立观察”。扬科夫斯基和詹森（2003）的研究显示，尽管个体分会有自主权，但是撰稿人还是要链接大量的新闻报道、评论，以及和其他分会互动。这种行为有助于形成一种话语，这种话语不仅使参与者了解特定话题的宽泛标准和表现形式，也协调了他们和地方、国家、区域、甚至全球的行动。

也许令人印象最深刻的是，尽管独立媒体中心以左翼政治观点为主，网络仍然欢迎并尊重有政治信仰的参与者，甚至是持不同政治信仰的参与者。在登载伊拉克战争新闻的独立媒体中心主网站上有 73 个相关语篇消息，布鲁顿（2005）发现，撰稿人不仅有许多的保守派，也有支持战争的个人，他们进行了非常详细的讨论而且对参加讨论的多数左派人士显示了极大的尊重。布鲁顿（2005，p. 253）特别提到：

> （独立媒体中心）网络通过若干方法挑战现状，其功能不止是作为一个论坛，通过集体交流、整理、辩论来反驳官方（左派）言论。在最好的法团校董会（IMC）的讨论中，尽管参加者的政治信仰不同但都受到了尊重。

也就是说，随着时间的推移，独立媒体中心网络已经与其他主流新闻机构一样采取了新闻把关的方法。独立媒体中心设立之初，撰稿人可以自由地在主页的新闻专线上传新闻。但是，由于撰稿人数量的大幅增加，独立媒体中心决定放弃公开发表的政策观点。以下提到的大量的内部辩论，其中包括根据读者排名为进入者设立一个选择系统提案。保持网络中心地位的西雅图集体（阿东，2005）决定在已经提交的稿件中选择出现在新闻专线的稿件（唐宁，2002）。 158 159

更笼统地说，西雅图集体有权从网络里删除任何其认为不适宜发表的稿件；这些稿件是对现有新闻报道的评述，而不是原创新闻、虚假或诽谤的撰稿及仇恨言论（阿东，2005）。独立媒体中心报道的9·11恐怖袭击事件特别体现了西雅图集体对新闻把关的监督性和严密性，与依赖国际网络的公民记者报道行为不同，集体委托的撰稿源于美国西雅图左派知识分子（阿东，2003）。有趣的是，关于9·11恐怖事件的报道，独立媒体中心依赖于著名的左翼知识分子，与主流新闻媒体在战争期间的一贯做法与给来自于精英新闻评论员的编辑们传达的观点和信件一致，而不是和普通公众一致。（参见佩奇，1996）。虽然这可能是一种夸张的说法，但作为一个观察家，独立媒体中心执行编辑的监督和新闻把关使得网络“是一个非常标准的新闻运行编辑部”（费希尔，2000，p. 47）。这表明，如阿东（2005，p. 34）指出的，“无论有如何明确地非等级结构或是反等级结构，等级结构可能仍然发展。”事实上，随着时间的推移，“依赖于现实的新闻从业人员，独立媒体中心可能会成为专业化的机构”（米克尔，2003，p. 6）。

159
160

## 结 语

在与公共新闻运动广泛联系的新闻机构的研究报告中，弗里德兰（2003）引用了一个1999年的作为公共新闻实践潜在转折点的决定，这个决定是关于《威奇托鹰报》的时任编辑里克·泰晤士谢绝了威奇托地方教育官员邀请其帮助组织公众协商有关新学校债券存在的必要性，以及如果有必要，又该如何使用这笔资金。通过报道最终发生的公众协商，《威奇托鹰报》仅仅决定做里克·泰晤士所指的在“作为公共新闻的运动”中“做力所能及的事”，所以他们并没有与教育官员合作。

毫无疑问，弗里德兰（2003）的预测是正确的。虽然许多新闻机构在组织和公众协商特定话题方面以“传统”意义继续实践公共新闻（如果想获得关于此创新活动的最新信息，详见公共新闻网，http：//www. pjnet. org)，越来越多的证据表明新闻机构已经开始放弃他们先前所倡导的帮助公众的承诺。事实上，至少在当前情况下，新闻机构更关心的是改善与作为受众的公众的关系，而不是确保公民成为大规模公众成员去参与政治。与此同时，新闻组织机构行动的独立性，无论作为个体（例如通过撰写政治主题的博客)，或是作为较大集体的参与者（例如凭借全球独立媒体中心)，都表明公众自己正在逐渐参与到政治中来。

虽然这种以公民为基础的创新活动值得赞扬而且也应该得到赞扬，但我认为，以公民为基础的创新活动是无法缓解主流新闻机构所引发的公民政治性责任的。这本书讨论的是在广泛的社会不平等条件下，新闻

机构应确保关注最边缘化的社会群体的思想，应该给他们与占主导地位 160
的社会群体同样的机会。这意味着，在其他事件中，新闻机构应帮助组织公众协商，公众协商的重点应放在公众最关注的问题上，通过新闻机构报道，促进公众最关注的问题与参与政治的人和机构合作，确保这些公众最关注的问题付诸实践。虽然公众有能力完成这样的目标，但是有证据表明在实践中这种情况不会发生。虽然独立媒体中心网络为代表边缘化群体的声音和视角的创新活动提供了新闻报道、协商的重要的论述空间，但社会精英仍然在具有更大互动空间的博客世界中占据主导地位。

回到《威奇托鹰报》的例子，很有可能的发生的是，尽管弗里德兰（2003）没有强调这一特殊之处，即《威奇托鹰报》关于教育公债（已获得通过）的连续报道包括一个关键性的评价，即公债是否完全分配到了威奇托地区的各个学校；然而，通过等待公众自己组织公众协商，《威奇托鹰报》和其他的新闻机构对公共新闻运动采取了相似的方法，这种相似的方法冒着允许拥有资源的社会群体设置新议程的风险，并忽视了有可能最需要公众关注的社会群体。

# 参考书目

Ackerman, B., & Fishkin, J. (2004). *Deliberation day*. New Haven, CT: Yale University Press.

Ackland, R. (2005, June). *Mapping the U.S. political blogosphere: Are conservative bloggers more prominent?* Paper presented at the BlogTalk Convention, Sydney, Australia.

Adamic, L., & Glance, N. (2005, June). *The political blogosphere and the 2004 U.S. election: Divided they blog*. Paper presented at the BlogTalk Convention, Sydney, Australia.

Allan, S. (2002). Reweaving the Internet: Online news after September 11. In B. Zelizer & S. Allan (Eds.), *Journalism after September 11* (pp. 119–140). London: Routledge.

Amis, D. (2002, September 21). Web logs: Online naval gazing? *Netfreedom*. Retrieved February 1, 2007 from http://www.netfreedom.org.

Andersen, I., & Jaeger, B. (1999). Scenario workshops and consensus conferences: Towards more democratic decision-making. *Science and Public Policy, 26*(5), 331–340.

Anderson, R., Dardenne, R., & Killenberg, G. (1994). *The conversation of journalism: Communication, community, and news*. Westport, CT: Praeger.

Anderson, R., Dardenne, R., & Killenberg, G. (1997). The American newspaper as the public conversational commons. In J. Black (Ed.), *Mixed news: The public/civic/communitarian journalism debate* (pp. 96–115). Mahwah, NJ: Lawrence Erlbaum.

Andrews, P. (2003). Is blogging journalism? *Nieman Reports, 57*(3), 63–64.

Arant, D., & Meyer, P. (1998). Public journalism and traditional journalism: A shift in values? *Journal of Mass Media Ethics, 13*(4), 205–218.

Ash, S., & Lowe, C. (1984). The consensus development program: Theory, practice, and critique. *Knowledge: Creation, Diffusion, Utilization, 5*(4), 369–385.

Ashbee, E. (2003). The Lott resignation, blogging and American conservatism. *Political Quarterly, 74*(3), 361–370.

Associated Press Managing Editors, (2002). *Credibility in action*. New York: Author.

Associated Press Managing Editors, (2003). *2003 Update: Credibility in action*. New York: Author.

Atton, C. (2003). Reshaping social movement media for a new millennium. *Social Movement Studies, 2*(1), 3–15.

Atton, C. (2005). *An alternative Internet: Radical media, politics and creativity*. Edinburgh, Scotland: Edinburgh University Press.

Austin, L. (1997). Public journalism in the newsroom: Putting ideas into practice. In J. Rosen, D. Merritt, & L. Austin (Eds.), *Public journalism: Lessons from experience* (pp. 36–47). Dayton, OH: Kettering Foundation Press.

Baoill, A. (2004). Weblogs and the public sphere. In L. Gurak, S. Antonijevic, L. Johnson, C. Ratliff, & J. Reyman (Eds.), *Into the blogosphere: Rhetoric, community, and culture of weblogs.* Retrieved February 1, 2007 from http://blog.lib.umn.edu/blogosphere/weblogs_and_the_public_sphere.html.

Barabasi, A., & Albert, R. (1999). Scaling in random networks. *Science, 286,* 509–512.

Bare, J. (1998). A new strategy. In E. Lambeth, P. Meyer, & E. Thorson (Eds.), *Assessing public journalism* (pp. 83–108). Columbia, MO: University of Missouri Press.

Barney, R. (1996). Community journalism: Good intentions, questionable practice. *Journal of Mass Media Ethics, 11*(3), 140–151.

Barney, R. (1997). A dangerous drift? The sirens' call to collectivism. In J. Black (Ed.), *Mixed news: The public/civic/communitarian journalism debate* (pp. 72–90). Mahwah, NJ: Lawrence Erlbaum.

Barns, I. (1995). Manufacturing consensus? Reflections on the UK national consensus conference on plant biotechnology. *Science as Culture, 23*(5), 200–218.

Beckman, P. (2003). *Medierne som motesplats: Public journalism i svensk tappning* [*The media as a meeting place: A Swedish version of public journalism*]. Stockholm, Sweden: Sellin & Partner.

Becksmo, B., & Stjernfeldt, D. (2001). *Public journalism paa svenska dagstidningar* [*Public journalism at daily newspapers in Sweden*]. Sundsvall, Sweden: The Democracy Institute.

Bennett, W. (1990). Toward a theory of press-state relations in the United States. *Journal of Communication, 40*(2), 103–125.

Bennett, W. (2006). *News: The politics of illusion.* White Plains, NY: Longman.

Bennett, W., Gressett, L., & Haltom, W. (1985). Repairing the news: A case study of the news paradigm. *Journal of Communication, 35*(1), 50–68.

Bentley, C., Hamman, B., Ibold, H., Littau, J., & Meyer, H. (2006, August). *Sense of community as a driver for citizen journalism.* Paper presented at the Annual Convention of the Association for Education in Journalism and Mass Communication, San Francisco, CA.

Betz, H. (1994). *Radical right-wing populism in Western Europe.* New York: Macmillan.

Bilderbeek, R., & Andersen, I. (1994). *Involving citizens in sustainable development: Experiences from European scenario workshops in urban ecology.* Copenhagen, Denmark: Danish Board of Technology.

Bishop, R. (2001). News media, heal thyselves: Sourcing patterns in news stories about news media performance. *Journal of Communication Inquiry, 25*(1), 22–37.

Blazier, T., & Lemert, J. (2000). Public journalism and changes in content of the *Seattle Times. Newspaper Research Journal, 21*(3), 69–80.

Blomquist, D., & Zukin, C. (1997). *Does public journalism work? The Campaign Central experience.* Washington, DC: Pew Center for Civic Journalism.

Blood, R. (2002). Weblogs: A history and perspective. In J. Rodzvilla (Ed.), *We've got blogs: How weblogs are changing our culture* (pp. 7–16). Cambridge, MA: Perseus.

Bloom, J. (2003, August). *The blogosphere: How a once-humble medium came to drive elite media discourse and influence public policy.* Paper presented at the Annual Convention of the American Political Science Association, Philadelphia, PA.

Bowers, J., & Walker, G. (2003). Public journalism and voting participation in statewide referendums: Results from a media partnership in Rochester, New York. In J. Harper & T. Yantek (Eds.), *Media, profit, and politics: Competing priorities in an open society* (pp. 109–121). Kent, OH: Kent State University Press.

Bowman, S., & Willis, C. (2003). *We the media: How audiences are shaping the future of news and information.* Reston, VA: American Press Institute.

Bratich, J. (2004). Trust no one (on the Internet): The CIA-Crack-Contra conspiracy theory and professional journalism. *Television & New Media, 5*(2), 209–239.

Braun, S. (2004). *Uden filter* [*Without filter*]. Aarhus, Denmark: Center for Journalism and Continuing Education.

Brickman, A. (2005). *Evaluation of the APME credibility roundtables initiative.* New York: Associated Press Managing Editors.

Brooten, L. (2004). Digital deconstruction: *Indymedia* as a process of collective critique. In R. Berenger (Ed.), *Global media go to war: Role of news and entertainment media during the 2003 Iraq war* (pp. 265–279). Spokane, WA: Marquette Books.

Brooten, L. (2005). The power of public reporting: The Independent Media Center's challenge to corporate media. In L. Artz & Y. Kamalipour (Eds.), *Bring 'em on: Media and politics in the Iraqi war* (pp. 239–254). Lanham, MD: Rowman & Littlefield.

Brown, C., Thorson, E., & Fleming, K. (2006, August). *Taking action on credibility: Does APME's credibility roundtable project have measurable effects?* Paper presented at the Annual Convention of the Association for Education in Journalism and Mass Communication, San Francisco, CA.

Bruns, A. (2005). *Gatewatching: Collaborative online news production.* New York: Peter Lang.

Button, M., & Matson, K. (1999). Deliberative democracy in practice: Challenges and prospects for civic deliberation. *Polity, 31*(4), 609–637.

Bybee, C. (1999). Can democracy survive in the post-factual age?: A return to the Lippmann–Dewey debate about the politics of news. *Journalism & Communication Monographs, 1*(1), 29–66.

Byrd, J. (1995, February 5). Conversations with the community. *The Washington Post,* p. C6.

Calabrese, A. (2000). Political space and the trade in journalism news. In C. Sparks & J. Tulloch (Eds.), *Tabloid tales: Global debates over media standards* (pp. 43–61). Lanham, MD: Rowman & Littlefield.

Calamai, P. (1995, December 9). Self-muzzling undercuts public journalism. *The Ottawa Citizen,* p. B6.

Campaign Study Group. (2001). *Journalism interactive: New attitudes, tools, and techniques change journalism's landscape.* Washington, DC: Pew Center for Civic Journalism.

Canedy, D. (2000). The hurt between the lines. In *New York Times* Correspondent Staff (Eds.), *How race is lived in America: Pulling together, pulling apart* (pp. 171–188). New York: Henry Holt.

Cannon, C. (1993, November 1). Loans elude black business owners. *Akron Beacon Journal,* pp. A1, A8.

Cannon, C., Know, D., & Paynter, B. (1993, November 1). Road to economic parity. *Akron Beacon Journal,* pp. A1, A6–A8.

Carey, J. (1987). The press and public discourse. *The Center Magazine, 20,* 4–16.

Carey, J. (1993). The mass media and democracy: Between the modern and the postmodern. *Journal of International Affairs, 47*(1), 1–21.

Carey, J. (1995). The press, public opinion, and public discourse. In T. Glasser & C. Salmon (Eds.), *Public opinion and the communication of consent* (pp. 373–402). New York: Guilford.

Carey, J. (1997). Community, public, and journalism. In J. Black (Ed.), *Mixed news: The public/civic/communitarian journalism debate* (pp. 1–15). Mahwah, NJ: Lawrence Erlbaum.

Carroll, B. (2004). Culture clash: Journalism and the communal ethos of the blogosphere. In L. Gurak, S. Antonijevic, L. Johnson, C. Ratliff, & J. Reyman (Eds.), *Into the blogosphere: Rhetoric, community, and culture of weblogs.* Retrieved February 1, 2007 from http://blog.lib.umn.edu/blogosphere/culture_clash.html.

Chaffee, S., McDevitt, M., & Thorson, E. (1997, August). *Citizen response to civic journalism: Four case studies.* Paper presented at the Annual Convention of the Association for Education in Journalism and Mass Communication, Chicago, IL.

Chancellor, C. (1993, February 28). A separate, but equal, focus on our differences. *Akron Beacon Journal,* pp. A1, A6–A7.

Charity, A. (1995). *Doing public journalism.* New York: Guilford.

Charity, A. (1996). Public journalism for people. *National Civic Review, 85*(1), 7–13.

Chavez, M. (2005). *News agendas and community participation: A Mexican model for change.* Los Angeles: Center for Communication and Community, University of California.

Chen, R., Thorson, E., Yoon, D., & Ognianova, E. (2002, May). *General news, a civic journalism project, and indices of social capital.* Paper presented at the Annual Convention of the International Communication Association, Seoul, South Korea.

Cheon, Y. (2004). Internet newspapers as alternative media: The case of *OhmyNews* in South Korea. *Media Development, 5*(1), 28–32.

Choi, Y. (2004). Study examines daily public journalism at six newspapers. *Newspaper Research Journal, 25*(2), 12–27.

Christians, C. (1997). The common good and universal values. In J. Black (Ed.), *Mixed news: The public/civic/communitarian journalism debate* (pp. 18–33). Mahwah, NJ: Lawrence Erlbaum.

Christians, C. (1999). The common good as first principle. In T. Glasser (Ed.), *The idea of public journalism* (pp. 67–84). New York: Guilford.

Clinton, W. (1997). Remarks in a roundtable discussion on race in Akron. *Weekly Compilation of Presidential Documents, 33*, 1959.

Coe, K., Domke, D., Graham, E., John, S., & Pickard, V. (2004). No shades of gray: The binary discourse of George W. Bush and an echoing press. *Journal of Communication, 54*(2), 234–252.

Cohn, J. (1995). Should journalists do community service? *The American Prospect, 6*(22), 14–17.

Coleman, R. (1997). The intellectual antecedents of public journalism. *Journal of Communication Inquiry, 21*(1), 60–76.

Coleman, R. (2000a). The ethical context for public journalism: As an ethical foundation for public journalism, communitarian philosophy provides principles for practitioners to apply to real world problems. *Journal of Communication Inquiry 24*(1), 41–66.

Coleman, R. (2000b). Use of visual communication in public journalism. *Newspaper Research Journal, 21*(4), 17–37.

Coleman, R., & Wasike, B. (2004). Visual elements in public journalism newspapers in an election: A content analysis of the photographs and graphics in Campaign 2000. *Journal of Communication, 54*(3), 456–474.

Compton, J. (2000). Communicative politics and public journalism. *Journalism Studies, 1*(3), 449–467.

Cook, T. (1998). *Governing with the news: The news media as a political institution.* Chicago: University of Chicago Press.

Coote, A., & Lenagham, J. (1997). *Citizens juries: Theory into practice.* London: Institute for Public Policy Research.

Corrigan, D. (1996, March 18). Press seeks remedy for its failings. *St. Louis Post-Dispatch*, p. 15B.

Corrigan, D. (1999). *The public journalism movement in America: Evangelists in the newsroom.* Westport, CT: Praeger.

Craig, D. (1996). Communitarian journalism(s): Clearing conceptual landscapes. *Journal of Mass Media Ethics, 11*(2), 107–118.

Cronberg, T. (1995). Do marginal voices shape technology? In S. Joss & J. Durant (Eds.), *Public participation in science: The role of consensus conferences in Europe* (pp. 125–133). London: Science Museum.

Crosby, N., & Nethercut, D. (2005). Citizens juries: Creating a trustworthy voice of the people. In J. Gastil & P. Levine (Eds.), *The deliberative democracy handbook: Strategies for effective civic engagement in the 21st century* (pp. 111–119). San Francisco: Jossey-Bass.

Davis, C. (2005, August). *Are bloggers journalists or just very lonely pamphleteers?* Paper presented at the Annual Convention of the Association of Education in Journalism and Mass Communication, San Antonio, TX.

Delli Carpini, M. (2005). News from nowhere: Journalistic frames and the debate over public journalism. In K. Callaghan & F. Schnell (Eds.), *Framing American politics* (pp. 21–53). Pittsburgh, PA: University of Pittsburgh Press.

Delwiche, A. (2003, October). *Reconstructing the agenda in the world of participatory media*. Paper presented at the Annual Convention of the Association of Internet Researchers, Toronto, ON, Canada.

Dennis, E. (1995). Raising questions about civic or public journalism. *Editor & Publisher, 128*(30), 48–49.

Denton, F., & Thorson, E. (1997). *Civic journalism: Does it work?* Washington, DC: Pew Center for Civic Journalism.

Denton, F., & Thorson, E. (1998). Effects of a multimedia public journalism project on political knowledge and attitudes. In E. Lambeth, P. Meyer, & E. Thorson (Eds.), *Assessing public journalism* (pp. 143–157). Columbia, MO: University of Missouri Press.

Deuze, M. (2006). Participation, remediation, bricolage: Considering principal components of a digital culture. *The Information Society, 22*(2), 63–75.

Dewey, J. (1927). *The public and its problems.* New York: Swallow Press.

Dickson, T., Brandon, W., & Topping, E. (2001). Editors, educators agree on outcomes but not goals. *Newspaper Research Journal, 22*(4), 44–56.

Dickson, T., & Topping, E. (2001). Public trust, media responsibility and public journalism: US newspaper editors' and educators' attitudes about media credibility. *Asia Pacific Media Educator, 11*, 72–86.

Dinges, J. (2000). Public journalism and National Public Radio. In A. Eksterowicz & R. Roberts (Eds.), *Public journalism and political knowledge* (pp. 91–118). Lanham, MD: Rowman & Littlefield.

Dotson, J., & Allen, D. (1993, May 2). You're invited to help promote racial harmony. *Akron Beacon Journal*, pp. A1, A11.

Downing, J. (2002). Independent media centers: A multi-level, multi-media challenge to global neo-liberalism. In M. Raboy (Ed.), *Global media policy in the new millennium* (pp. 215–232). Luton, UK: University of Luton Press.

Drezner, D., & Farrell, H. (2004, September). *The power and politics of blogs.* Paper presented at the Annual Convention of the American Political Science Association, Chicago, IL.

Dube, J. (2007). The cyberjournalist list. *CyberJournalist.Net.* Retrieved from http://www.cyberjournalist.net/cyberjournalists.php February 1, 2007.

Dubuisson, D. (1995, October 15). Public journalism: Just another way of doing what we've always done. *News & Record*, p. F2.

Durant, J. (1995). An experiment in democracy. In S. Joss & J. Durant (Eds.), *Public participation in science: The role of consensus conferences in Europe* (pp. 75–80). London: Science Museum.

Dyer, B. (1993, December 29). The struggle for balance. *Akron Beacon Journal*, pp. A1, A6–A7.

Dzur, A. (2002). Public journalism and deliberative democracy. *Polity, 34*(3), 313–336.

Effron, S. (1997). The North Carolina experiment. *Columbia Journalism Review*, January-February, 12–14.

Einsiedel, E., & Eastlick, D. (2000). Consensus conferences as deliberative democracy: A communications perspective. *Science Communication, 21*(4), 323–343.

Einsiedel, E., Jelsoee, E., & Breck, T. (2001). Publics at the technology table: The consensus conference in Denmark, Canada, and Australia. *Public Understanding of Science, 10*(1), 83–98.

Eisner, J. (1994, October 16). Should journalists abandon their detachment to solve problems? *Philadelphia Inquirer,* p. E7.

Entman, R. (1993). Framing: Toward clarification of a fractured paradigm. *Journal of Communication, 43*(4), 51–58.

Esmark, A., & Kjaer, P. (2000). Den sidste mediepolitik og den politiske journalistik [The last media policy and political journalism]. In O. Pedersen, P. Kjaer, A. Esmark, M. Horst, & E. Carlsen (Eds.), *Politisk journalistik* [*Political journalism*] (pp. 25–59). Aarhus, Denmark: Ajour.

Evatt, D. (1999). Prologue to diverging patterns of election year coverage. In M. McCombs & A. Reynolds (Eds.), *The poll with a human face: The National Issues Convention experiment in political communication* (pp. 133–144). Mahwah, NJ: Lawrence Erlbaum.

Ewart, J. (2000). Public journalism and the news gender agenda. *Asia Pacific Media Educator, 9,* 119–131.

Ewart, J. (2002). Overlooked and underused: How Australia's first public journalism project treated women and indigenous people. *Australian Journalism Review, 24*(1), 61–81.

Ewart, J. (2003). Including women in the news: Does public journalism address the gender imbalance of the news sources used by journalists? *Australian Studies in Journalism, 12,* 213–228.

Ewart, J., & Massey, B. (2006). Exploring some of the factors that contribute to the use of ordinary people as news sources. *Australian Journalism Review, 28*(1), 103–124.

Fallows, J. (1996). *Breaking the news: How the media undermine American democracy.* New York: Vintage.

Fee, F. (2002, August). *Whose values are news values? What journalists and citizens want.* Paper presented at the Annual Convention of the Association for Education in Journalism and Mass Communication, Miami Beach, FL.

Fisher, M. (2000). Low-power to the people. *American Journalism Review,* October, 42–48.

Fishkin, J. (1991). *Democracy and deliberation: New directions for democratic reform.* New Haven, CT: Yale University Press.

Fishkin, J. (1995). *The voice of the people: Public opinion and democracy.* New Haven, CT: Yale University Press.

Fishkin, J., & Farrar, C. (2005). Deliberative polling: From experiment to community resource. In J. Gastil & P. Levine (Eds.), *The deliberative democracy handbook: Strategies for effective civic engagement in the 21st century* (pp. 68–79). San Francisco: Jossey-Bass.

Fixdal, J. (1997). Consensus conferences as extended peer groups. *Science & Social Policy, 24*(6), 366–376.

Ford, P. (1998). *Don't stop there: Five adventures in civic journalism.* Washington, DC: Pew Center for Civic Journalism.

Ford, P. (2001). *Delving into the divide: A study of race reporting in forty-five newsrooms*. Washington, DC: Pew Center for Civic Journalism.

Frank, T. (1998). Triangulation nation: Affirming mediocrity in a jaded age. *The Baffler, 11*, 3–12, 75–93.

Frankel, M. (1995, May 21). Fix-it journalism. *New York Times Magazine*, p. 28.

Fraser, N. (1990). Rethinking the public sphere: A contribution to the critique of actually existing democracy. *Social Text, 25/26*, 56–80.

Friedland, L. (2000). Public journalism and community change. In A. Eksterowicz & R. Roberts (Eds.), *Public journalism and political knowledge* (pp. 121–142). Lanham, MD: Rowman & Littlefield.

Friedland, L. (2003). *Public journalism: Past and future*. Dayton, OH: Kettering Foundation Press.

Friedland, L., & Nichols, S. (2002). *Measuring civic journalism's progress: A report across a decade of activity*. Washington, DC: Pew Center for Civic Journalism.

Friedland, L., Rojas, H., Long, C., Abril, E., Hildebrandt, V., Kim, N., et al. (2006). *Surveying citizen journalism: Describing emerging phenomena that posit a renovation of the public sphere*. Paper presented at the Annual Convention of the Association for Education in Journalism and Mass Communication, San Francisco, CA.

Friedland, L., Sotirovic, M., & Daily, K. (1998). Public journalism and social capital: The case of Madison, Wisconsin. In E. Lambeth, P. Meyer, & E. Thorson (Eds.), *Assessing public journalism* (pp. 191–220). Columbia, MO: University of Missouri Press.

Gade, P., Abel, S., Antecol, M., Hsueh, H., Hume, J., Morris, J., et al. (1998). Journalists' attitudes toward civic journalism media roles. *Newspaper Research Journal, 19*(4), 10–26.

Gallo, J. (2003). Weblog journalism: Between infiltration and integration. In L. Gurak, S. Antonijevic, L. Johnson, C. Ratliff, & J. Reyman (Eds.), *Into the blogosphere: Rhetoric, community, and culture of weblogs*. Retrieved February 1, 2007 from http://blog.lib.umn.edu/blogosphere/weblog_journalism.html.

Garcelon, M. (2006). The *Indymedia* experiment: The Internet as movement facilitator against institutional control. *Convergence: The International Journal of Research into New Media Technologies, 12*(1), 55–82.

Gartner, M. (1998). Seeing through the gimmicks. In E. Lambeth, P. Meyer, & E. Thorson (Eds.), *Assessing public journalism* (pp. 226–231). Columbia, MO: University of Missouri Press.

George, L. (2005, November 30). *Backfence.com* seven months after launch. *PressThink*. Retrieved February 1, 2007 from http://journalism.nyu.edu/pubzone/weblogs/pressthink/2005/11/30/lz_bcfc.html

German, W. (2000, April 21). Nurturing the infant of public journalism. *San Francisco Chronicle*, p. A25.

Gillis, T., & Moore, R. (2004, October). *Engaging journalism: Community journalism and its effects on social interaction and citizen empowerment in Sub-Saharan Africa*. Paper presented at the Global Fusion Convention, St. Louis, MO.

Gillmor, D. (2004). *We the media: Grassroots journalism by the people, for the people.* Sebastopol, CA: O'Reilly Media.

Glaberson, W. (1994, October 3). A new press role: Solving problems. *New York Times,* p. D6.

Glaser, M. (2004, March 9). Papers' online units allow editorial boards to lift veil with video, blogs. *Online Journalism Review.* Retrieved February 1, 2007 from http://www.ojr.org.

Glasser, T. (1999). The idea of public journalism. In T. Glasser (Ed.), *The idea of public journalism* (pp. 3–18). New York: Guilford.

Glasser, T. (2000). The politics of public journalism. *Journalism Studies, 1*(4), 683–686.

Glasser, T., & Bowers, P. (1999). Justifying change and control: An application of discourse ethics to the role of mass media. In D. Demers & K. Viswanath (Eds.), *Mass media, social control, and social change: A macrosocial perspective* (pp. 399–418). Ames, IA: Iowa State University Press.

Glasser, T., & Craft, S. (1998). Public journalism and the search for democratic ideals. In T. Liebes & J. Curran (Eds.), *Media, ritual and identity* (pp. 203–218). London: Routledge.

Glasser, T., & Lee, F. (2002). Repositioning the newsroom: The American experience with public journalism. In R. Kuhn & E. Neveu (Eds.), *Political journalism: New challenges, new practices* (pp. 203–224). London: Routledge.

Goidel, R. (2000). If you report it, will they care? Political knowledge and public journalism. In A. Eksterowicz & R. Roberts (Eds.), *Public journalism and political knowledge* (pp. 143–168). Lanham, MD: Rowman & Littlefield.

Goodnight, G. (1981). The personal, technical, and public spheres of argument: A speculative inquiry into the art of public deliberation. *Journal of the American Forensic Association, 18*(2), 214–227.

Gorgura, H. (2004, October). *Warblogging networks: Online spheres of dissensus.* Paper presented at the Annual Convention of the Association of Internet Researchers, Toronto, ON, Canada.

Greenberg, P. (1996, November 18). Public journalism harms newspapers' credibility. *Post & Courier,* p. A9.

Greer, J., & Mensing, D. (2006). The evolution of online newspapers: A longitudinal content analysis, 1997–2003. In X. Li (Ed.), *Internet newspapers: The making of a mainstream medium* (pp. 13–32). Mahwah, NJ: Lawrence Erlbaum.

Grimes, C. (1999). *Whither the civic journalism bandwagon?* (Discussion Paper D-36). Joan Shorenstein Center on Press, Politics and Public Policy, John F. Kennedy School of Government, Harvard University, Boston, MA.

Grubisich, T. (2006, March 12). The sweet (and sour) smell of success at *Your Hub. Online Journalism Review.* Retrieved February 1, 2007 from http://www.ojr.org.

Grundahl, J. (1995). The Danish consensus conference model. In S. Joss & J. Durant (Eds.), *Public participation in science: The role of consensus conferences in Europe* (pp. 31–40). London: Science Museum.

Gunaratne, S. (1998). Old wine in a new bottle: Public journalism, developmental journalism, and social responsibility. In M. Roloff (Ed.), *Communication yearbook 21* (pp. 277–321). Thousand Oaks, CA: Sage.

Guston, D. (1999). Evaluating the first U.S. consensus conference: The impact of the citizens' panel on telecommunications and the future of democracy. *Science, Technology & Human Values, 24*(4), 451–482.

Habermas, J. (1989). *The structural transformation of the public sphere: An inquiry into a category of bourgeois society.* Cambridge, MA: MIT Press.

Habermas, J. (1990). *Moral consciousness and communicative action.* Cambridge, MA: MIT Press.

Habermas, J. (1993). *Justification and application: Remarks on discourse ethics.* Cambridge, MA: MIT Press.

Hackett, R., & Zhao, Y. (1998). *Sustaining democracy? Journalism and the politics of objectivity.* Toronto: Garamond Press.

Halavais, A. (2002a, October). *Blogs and the social weather.* Paper presented at the Annual Convention of the Association of Internet Researchers, Maastricht, The Netherlands.

Halavais, A. (2002b, October). *The web as news: September 11 and new sources of web news.* Paper presented at the Annual Convention of the Association of Internet Researchers, Maastricht, The Netherlands.

Halavais, A. (2004, January). *Tracking ideas in the blogosphere.* Paper presented at the 37th Hawaii International Conference on System Sciences, Island of Hawaii, HI.

Hamlett, P. (2002, July). *Enhancing public participation in participatory public policy analysis concerning technology: A report of two Danish-style consensus conferences.* Paper presented at the International Summer Academy on Technology Studies, Deutchlandsberg, Austria.

Hansen, M. (1999). Tag ved laere af public journalism [Learn from public journalism]. In L. Kabel (Ed.), *Nye nyheder: Om nyhedsjournalistik og nyhedsdaekning i dagblade, radio, TV og online* [*New news: On news journalism and news coverage in daily newspapers, radio, TV, and online*] (pp. 215–219). Aarhus, Denmark: Ajour.

Hardt, H. (1999). Reinventing the press for the age of commercial appeals: Writings on and about public journalism. In T. Glasser (Ed.), *The idea of public journalism* (pp. 197–209). New York: Guilford.

Hargittai, E., Gallo, J., & Kane, M. (2005, May). *Cross-ideological discussions among a group of conservative and liberal bloggers.* Paper presented at the Annual Convention of the International Communication Association, New York, NY.

Harper, C. (2005, May). *Blogging and journalistic practice.* Paper presented at the Media in Transition Convention, Massachusetts Institute of Technology, Boston, MA.

Harris, S., Outlaw, W., & Paynter, B. (1993, December 26). Prisoners of violence. *Akron Beacon Journal*, pp. A1, A5–A7.

Harwood, R. (1991). *Citizens and politics: A view from main street.* Dayton, OH: Kettering Foundation Press.

Hayward, J. (1996). *Elitism, populism and European politics.* Oxford, UK: Oxford University Press.

Heider, D., McCombs, M., & Poindexter, P. (2006). What the public expects of local news. *Journalism & Mass Communication Quarterly, 82*(4), 952–967.

Heikkila, H. (2000). How to make thin journalism strong? Experiences of a public journalism project in Finland. *Nordicom Review, 21*(2), 83–100.

Heikkila, H., & Kunelius, R. (1996). Public journalism and its problems: A theoretical perspective. *Javnost - The Public, 3(3)*, 81–95.

Heinonen, A., & Luostarinen, H. (2005, October). *Media journalism and public's journalism.* Paper presented at the International Seminar on Journalism Education, University of Helsinki, Helsinki, Finland.

Hendriks, C. (2005). Consensus conferences and planning cells: Lay citizen deliberation. In J. Gastil & P. Levine (Eds.), *The deliberative democracy handbook: Strategies for effective civic engagement in the 21st century* (pp. 80–110). San Francisco: Jossey–Bass.

Henriksen, K. (2001). *Da lytterne fik ordet* [*When the listeners got their say*]. Aarhus, Denmark: Center for Journalism and Continuing Education.

Himelboim, I., & Southwell, B. (2005, October). *Are blogs actually an alternative information source compared to traditional media? Linking patterns in news blogs.* Paper presented at the Annual Convention of the Association of Internet Researchers, Chicago, IL.

Hindman, E. (2005). Jayson Blair, the *New York Times*, and paradigm repair. *Journal of Communication, 55*(2), 225–241.

Hindman, M., Tsiotsiouliklis, K., & Johnson, J. (2003, August). *Googlearchy: How a few heavily-linked sites dominate politics online.* Paper presented at the Annual Convention of the American Political Science Association, Philadelphia, PA.

Hippocrates, C. (1999). Public journalism: The media's intellectual journey. *Media International Australia Incorporating Culture & Policy, 90*, 65–78.

Hjarvad, S. (2000). Proximity: The name of the ratings game. *Nordicom Review, 21*(2), 63–81.

Hodges, L. (1997). Ruminations about the communitarian debate. In J. Black (Ed.), *Mixed news: The public/civic/communitarian journalism debate* (pp. 38–49). Mahwah, NJ: Lawrence Erlbaum.

Holley, M., Kirksey, R., & Paynter, B. (1993, March 2). Reach for top, mind your place. *Akron Beacon Journal*, pp. A1–A7.

Hopkins, K., & Matheson, D. (2005). Blogging the New Zealand election: The impact of new media practices on the old game. *Political Science, 57*(2), 93–105.

Howley, K. (2003). A poverty of voices: Street papers as communicative democracy. *Journalism: Theory, Practice & Criticism, 4*(3), 273–292.

Hoyt, M. (1992). The Wichita experiment: What happens when a newspaper tries to connect readership and citizenship? *Columbia Journalism Review*, July/August, 43–47.

Hoyt, M. (1995). Are you now, or will you ever be, a civic journalist? *Columbia Journalism Review*, September/October, 27–33.

Hoyt, M. (1996). Can James Fallows practice what he preaches? *Columbia Journalism Review,* November/December, 27–30.

Huang, H. (2006, August). *Deliberative reporting, conflict frame, and civic cognitions.* Paper presented at the Annual Convention of the Association for Education in Journalism and Mass Communication, San Francisco, CA.

Hudspith, R., & Kim, M. (2002). Learning from a university co-sponsored regional consensus conference. *Bulletin of Science, Technology & Society, 22*(3), 232–238.

Hutchins Commission. (1947). *A free and responsible press.* Chicago: University of Chicago Press.

Iggers, J. (1998). *Good news, bad news: Journalism ethics and the public interest.* Boulder, CO: Westview Press.

Ito, T. (2005). Public journalism and journalism in Japan. *Keio Communication Review, 27*, 43–63.

Iyengar, S. (1991). *Is anyone responsible? How television frames political issues.* Chicago: University of Chicago Press.

Jacobs, J. (2003, August). *Communication overexposure: The rise of blogs as a product of cybervoyeurism.* Paper presented at the Annual Convention of the Australia–New Zealand Communication Association, Brisbane, Australia.

Jacoby, I. (1995). The consensus development program of the National Institutes of Health: Current practices and historical perspectives. *International Journal of Technology Assessment in Health Care, 1*(4), 420–432.

Jankowski, N., & Jansen, M. (2003, December). *Indymedia: Exploration of an alternative Internet-based source of movement news.* Paper presented at the Digital News, Social Change and Globalization Convention, Hong Kong Baptist University, Hong Kong.

Jeffres, L., Cutietta, C., Lee, J., & Sekerka, L. (1999). Differences of community newspaper goals and functions in large urban areas. *Newspaper Research Journal, 20*(3), 86–98.

Joergensen, L. (2002). *Samspil mellem borgere og medier* [*Interplay of citizens and media*]. *Journalisten* [*The Journalist*], *19*, 19.

Joergensen, L. (2005). *Laeserne vil have velourjournalistik* [*The readers want velvet journalism*]. *Journalisten* [*The Journalist*], *14*, 8.

Joergensen, T. (1995). Consensus conferences in the health sector. In S. Joss & J. Durant (Eds.), *Public participation in science: The role of consensus conferences in Europe* (pp. 17–29). London: Science Museum.

Johnson, T., & Kaye, B. (2004). Wag the blog: How reliance on traditional media and the Internet influence credibility online. *Journalism & Mass Communication Quarterly, 81*(3), 622–642.

Johnson-Cartee, K. (2004). *News narratives and news framing: Constructing political reality.* Lanham, MD: Rowman & Littlefield.

Joss, S. (1995). Evaluating consensus conferences: Necessity or luxury? In S. Joss & J. Durant (Eds.), *Public participation in science: The role of consensus conferences in Europe* (pp. 89–108). London: Science Museum.

Joss, S. (1998). Danish consensus conferences as a model of participatory technology assessment: An impact study of consensus conferences on Danish Parliament and Danish public debate. *Science and Public Policy, 25*(1), 2–22.

Joss, S. (2002). Participation in parliamentary technology assessment: From theory to practice. In N. Vig & H. Paschen (Eds.), *Parliaments and technology: The development of technology assessment in Europe* (pp. 325–362). Albany, NY: State University of New York Press.

Joss, S., & Durant, J. (1995). The U.K. national consensus conference on plant biotechnology. *Public Understanding of Science, 4*(2), 195–204.

Jurkowitz, M. (1996, May 27). The media's best-kept secret. *Boston Globe Magazine,* p. 17.

Jurkowitz, M. (2000, April 26). Civic journalism: Taking stock after a decade. *Boston Globe,* p. F1.

Kambsgaard, M. (2005, March 3). Seniorsagen rammer radioen [Senior citizens on the radio]. *DR Midt & Vest.* Retrieved February 1, 2007 from http://www.dr.dk/Regioner/Vest/Tema/Seniorjob.

Kambsgaard, M., & Stephansen, P. (2003). *En levende fremtid: Et public journalism projekt paa DR Midt & Vest* [*A living future: A public journalism project at DR Midt & Vest*]. Odense, Denmark: University of Southern Denmark.

Katz, E., & Lazarsfeld, E. (1955). *Personal influence: The part played by people in the flow of mass communications.* New York: Free Press.

Keeping a Vigil. (1993, December 26). *Akron Beacon Journal,* p. A6.

Kennamer, D., & South, J. (2002). Election coverage reflects civic journalism values. *Newspaper Research Journal, 23*(4), 34–45.

Kim, E., & Hamilton, J. (2006). Capitulation to capital? *OhmyNews* as alternative media. *Media, Culture & Society, 28*(4), 541–560.

Kirksey, R., Holley, M., & Paynter, B. (1993, March 1). Disparity between the races growing in almost all facets. *Akron Beacon Journal,* pp. A1–A2, A4.

Kirksey, R., Jenkins, C., & Paynter, B. (1993, August 22). Public education: Win few, lose many. *Akron Beacon Journal,* pp. A1, A12–A14.

Kluver, L. (1995). Consensus conferences at the Danish Board of Technology. In S. Joss & J. Durant (Eds.), *Public participation in science: The role of consensus conferences in Europe* (pp. 41–49). London: Science Museum.

Knox, D., Cannon, C., & Paynter, B. (1993, November 2). Stopped short of success. *Akron Beacon Journal,* pp. A1, A6–A8.

Kramer, S. (1997). *Civic journalism: Six case studies.* Washington, DC: Pew Center for Civic Journalism.

Krippendorff, K. (2003). *Content analysis: An introduction to its methodology.* Newbury Park, CA: Sage.

Kunelius, R. (2001). Conversation: A metaphor and a method for better journalism. *Journalism Studies, 2*(1), 31–54.

Kurpius, D. (2002). Sources and civic journalism: Changing patterns of reporting? *Journalism & Mass Communication Quarterly, 79*(4), 853–866.

Lambeth, E. (1998). Public journalism as a democratic practice. In E. Lambeth, P. Meyer, & E. Thorson (Eds.), *Assessing public journalism* (pp. 15–35). Columbia, MO: University of Missouri Press.

Lasica, J. (2002). Blogging as a form of journalism. In J. Rodzvilla (Ed.), *We've got blog: How weblogs are changing our culture* (pp. 173–170). Cambridge, MA: Perseus.

Lasica, J. (2003). Blogs and journalism need each other. *Nieman Reports, 57*(3), 70–74.

Lee, S. (2001). Public journalism and non-elite actors and sources. *Newspaper Research Journal, 22*(3), 92–95.

Lemert, J. (1981). *Does mass communication change public opinion after all?* Chicago: Nelson-Hall.

Levidow, L. (1998). Democratizing technology—Or technologizing democracy? Regulating agricultural biotechnology in Europe. *Technology in Society, 20*(2), 211–226.

Levine, P. (1998, October). *The press in a deliberative democracy: On public journalism and its critics.* Paper presented at the "Public Journalism: A Critical Forum" Conference, University of South Carolina, Columbia, SC.

Levine, P., Fung, A., & Gastil, J. (2005). Future directions for public deliberation. In J. Gastil & P. Levine (Eds.), *The deliberative democracy handbook: Strategies for effective civic engagement in the 21st century* (pp. 271–288). San Francisco: Jossey-Bass.

Lichtenberg, J. (1999). Beyond the public journalism controversy. In R. Fullinwider (Ed.), *Civil society, democracy, and civic renewal* (pp. 341–354). Lanham, MD: Rowman & Littlefield.

Lippmann, W. (1922). *Public opinion.* New York: Free Press.

Lippmann, W. (1925). *The phantom public.* New York: Harcourt Brace.

Loka Institute. (2005). *Danish style, citizen-based deliberative consensus conferences on science & technology policy worldwide.* Washington, DC: Author.

London, S. (2004). *Creating citizens through public deliberation: How civic organizations in ten countries are using deliberative dialogue to build and strengthen democracy.* Dayton, OH: Kettering Foundation.

Loomis, D. (1998, August). *Is public journalism cheap journalism? Putting public journalists' money where their mouths are.* Paper presented at the Annual Convention of the Association for Education in Journalism and Mass Communication, Baltimore, MD.

Loomis, D., & Meyer, P. (2000). Opinion without polls: Finding a link between corporate culture and public journalism. *International Journal of Public Opinion Research, 12*(3), 276–284.

Love, S. (1993, December 28). Both sides of the story. *Akron Beacon Journal*, pp. A1, A4–A5.

Lund, A., Jensen, K., & Marosi, K. (2001). *Danskernes syn paa medier og demokrati* [*Danes' views on media and democracy*]. Odense, Denmark: University of Southern Denmark.

Maier, S., & Potter, D. (2001). Public journalism through the lens: How television broadcasters covered campaign '96. *Journal of Broadcasting & Electronic Media, 45*(2), 320–334.

Mancini, P. (1997). Toqueville revisited: The gap between citizens and politics. *Harvard International Journal of Press/Politics, 2*(1), 131–135.

Marris, C., & Joly, P. (1999). Between consensus and citizens: Public participation in technology assessments in France. *Science Studies, 12*(2), 2–32.

Martin, C. (2001). The limits of community in public journalism. In G. Shepherd & E. Rothenbuhler (Eds.), *Communication and community* (pp. 235–250). Mahwah, NJ: Lawrence Erlbaum.

Massey, B. (1998). Civic journalism and nonelite sourcing: Making routine newswork of community connectedness. *Journalism & Mass Communication Quarterly, 75*(2), 394–407.

Massey, B. (1999, August). *Civic journalism and gender diversity in news-story sourcing.* Paper presented at the Annual Convention of the Association for Education in Journalism and Mass Communication, New Orleans, LA.

Matheson, D. (2004). Weblogs and the epistemology of the news: Some trends in online journalism. *New Media & Society, 6*(4), 443–468.

Matheson, D., & Allan, S. (2003, November). *Weblogs and the war in Iraq: Journalism for a network society?* Paper presented at the Digital Dynamics Conference, Loughborough, U.K.

Mayer, I., de Vries, J., & Geurts, J. (1995). An evaluation of the effects of participation in a consensus conference. In S. Joss & J. Durant (Eds.), *Public participation in science: The role of consensus conferences in Europe* (pp. 109–124). London: Science Museum.

Mayer, I., & Geurts, J. (1998). Consensus conferences as participatory policy analysis: A methodological contribution to the social management of technology. In P. Wheale, R. Schomburg, & P. Glasner (Eds.), *The social management of genetic engineering* (pp. 279–301). Aldershot, UK: Ashgate.

McChesney, R. (1999). *Rich media, poor democracy: Communication politics in dubious times.* Urbana, IL: University of Illinois Press.

McCombs, M. (2005). A look at agenda-setting: Past, present and future. *Journalism Studies, 6*(4), 543–547.

McDevitt, M., Gassaway, B., & Perez, F. (2000, August). *The making and unmaking of civic journalists: Influences of classroom and newsroom socialization.* Paper presented at the Annual Convention of the Association for Education in Journalism and Mass Communication, Phoenix, AZ.

McDonald, J. (1999). Mechanisms for public participation in environmental policy development: Lessons from Australia's first consensus conference. *Environmental and Planning Law Journal, 16*(3), 258–266.

McEaney, M., Allen, L., & Paynter, B. (1993, May 2). Streets where we live. *Akron Beacon Journal,* pp. A1, A8–A10.

McGregor, J., Comrie, M., & Campbell, J. (1998). Public journalism and proportional representation: The New Zealand experiment. *Australian Journalism Review, 20*(1), 1–22.

McGregor, J., Comrie, M., & Fountaine, S. (1999). Beyond the feel-good factor: Measuring public journalism in the 1996 New Zealand election campaign. *Harvard International Journal of Press/Politics, 4*(1), 66–77.

McGregor, J., Fountaine, S., & Comrie, M. (2000). From contest to content: The impact of public journalism on New Zealand election campaign coverage. *Political Communication, 17*(1), 133–148.

McKay, E., & Dawson, P. (1999). *Evaluation report: Phase 1.* Canberra, Australia: P. J. Dawson & Associates.

McMillan, S., Guppy, M., Kunz, W., & Reis, R. (1998). Public journalism: What difference does it make to editorial content? In E. Lambeth, P. Meyer, & E. Thorson (Eds.), *Assessing public journalism* (pp. 178–190). Columbia, MO: University of Missouri Press.

Mead, R. (2002). You've got blog: How to put your business, your boyfriend, and your life online. In J. Rodzvilla (Ed), *You've got blog: How weblogs are changing our culture* (pp. 47–56). Cambridge, MA: Perseus.

Meikle, G. (2003). *Indymedia* and the new net news. *Media Development, 4*, 3–6.

Meraz, S. (2005, August). *2004 Conventions: Media bloggers, non-media bloggers, and their network connections.* Paper presented at the Annual Convention of the Association for Education in Journalism and Mass Communication, San Antonio, TX.

Merrill, J. (1997). Communitarianism's rhetorical war against enlightenment liberals. In J. Black (Ed.), *Mixed news: The public/civic/communitarian journalism debate* (pp. 54–65). Mahwah, NJ: Lawrence Erlbaum.

Merrill, J. (2000). Social stability and harmony: A new mission for the press? *Asian Journal of Communication, 10*(2), 33–52.

Merrill, J., Blevens, F., & Gade, P. (2002). *Twilight of press freedom: The rise of people's journalism.* Mahwah, NJ: Lawrence Erlbaum.

Merritt, D. (1988, November 13). A new political contract must restore meaning to election campaigns. *Wichita Eagle*, p. A15.

Merritt, D. (1998). *Public journalism and public life: Why telling the news is not enough.* Mahwah, NJ: Lawrence Erlbaum.

Messner, M., & Terilli, S. (2005, February). *Gates wide open: The impact of weblogs on the gatekeeping role of the traditional media in the 2004 presidential election.* Paper presented at the Mid-Winter Convention of the Association for Education in Journalism and Mass Communication, Kennesaw, GA.

Meyer, P. (1998). If it works, how will we know? In E. Lambeth, P. Meyer, & E. Thorson (Eds.), *Assessing public journalism* (pp. 251–283). Columbia, MO: University of Missouri Press.

Meyer, P., & Potter, D. (2000). Hidden value: Polls and public journalism. In P. Lavrakas & M. Traugott (Eds.), *Election polls, the news media, and democracy* (pp. 113–141). New York: Seven Bridges Press.

Miller, E. (1994). *The Charlotte project: Helping citizens take back democracy.* St. Petersburg, FL: Poynter Institute for Media Studies.

Moore, R., & Gillis, T. (2005). Transforming communities: Community journalism in Africa. *Transformations, 10.* Retrieved February 1, 2007 from http://transformations/cqu.edu.au/journal/issue_10/article_06.shtml.

Mortensen, T., & Walker, J. (2002). Blogging thoughts: Personal publication as an online research tool. In A. Morrison (Ed.), *Researching ICTs in context* (pp. 249–279). Oslo, Norway: Intermedia.

Moscowitz, L. (2002). Civic approach not so different from traditional model. *Newspaper Research Journal, 23*(4), 62–75.

Mwangi, S. (2001). International public journalism. *Kettering Foundations Connections, 12*(1), 23–27.

Mwangi, S. (2002). *A survey of international media and democracy projects.* Wilberforce, OH: Center for International Studies, Central State University.

Nichols, S. (2004, August). *Public journalism: Using new institutionalism to explore the rise and spread of the movement.* Paper presented at the Annual Convention of the Association for Education in Journalism and Mass Communication, Toronto, ON, Canada.

Nichols, S., Friedland, L., Rojas, H., Cho, J., & Shah, D. (2006). Examining the effects of public journalism on civil society from 1994 to 2002: Organizational factors, project features, story frames, and citizen engagement. *Journalism & Mass Communication Quarterly, 83*(1), 77–100.

Nip, J. (2006). Exploring the second phase of public journalism. *Journalism Studies, 7*(2), 212–236.

Nofziger, L. (2000, January 2). The limits and wishful thinking of do-good journalism. *The Washington Times,* p. B8.

Nord, D. (2001). *Communities of journalism: A history of American newspapers and their readers.* Urbana, IL: University of Illinois Press.

O'Brien, S. (1996). [Letter to the editor]. *American Journalism Review,* October, 8.

Olson, K. (2004, April). *Citizens or journalists? Legal and ethical rules governing journalists' personal weblogs.* Paper presented at the Fifth International Symposium on Online Journalism, University of Texas, Austin, TX.

Outing, S. (2005, August 24). Modernizing the editorial page. *Editor & Publisher Interactive.* Retrieved February 1, 2007 from http://www.editorandpublisher.com.

Outlaw, W., Harris, S., & Paynter, B. (1993, December 27). If he looks like a criminal. *Akron Beacon Journal,* pp. A1, A5.

Page, B. (1996). *Who deliberates? Mass media in modern democracy.* Chicago: University of Chicago Press.

Palser, B. (2005). Journalism's backseat drivers. *American Journalism Review,* August/September, 43–51.

Papacharissi, Z. (2004, October). *The blogger revolution? Audiences as media producers.* Paper presented at the Annual Convention of the Association of Internet Researchers, Toronto, ON, Canada.

Parisi, P. (1997). Toward a philosophy of framing: News narratives for public journalism. *Journalism & Mass Communication Quarterly, 74*(4), 673–686.

Parisi, P. (1998). *The New York Times* looks at one block in Harlem: Narratives of race in journalism. *Critical Studies in Mass Communication, 15*(3), 236–254.

Parkin, F., & Taggart, P. (2000). *Populism*. London: Open University Press.

Paterno, S. (1996). Whither Knight-Ridder? *American Journalism Review*, January/February, 19–27.

Patterson, T. (1993). *Out of order*. New York: Vintage.

Patterson, T. (1998). Political roles of the journalist. In D. Graber, D. McQuail, & P. Norris (Eds.), *The politics of news: The news of politics* (pp. 17–32). Washington, DC: CQ Press.

Pauly, J. (1999). Journalism and the sociology of public life. In T. Glasser (Ed.), *The idea of public journalism* (pp. 134–151). New York: Guilford.

Payne, R. (1999, August). *Following in their footsteps: A lesson in launching public journalism*. Paper presented at the Annual Convention of the Association for Education in Journalism and Mass Communication, New Orleans, LA.

Pein, C. (2005). Blog-gate. *Columbia Journalism Review*, January/February, 30–35.

Peirce, N. (1994, June 27). Civic (public) journalism: New genre is taking hold. *New Orleans Times-Picayune*, p. B5.

Perry, D. (2003). *The roots of civic journalism: Darwin, Dewey, and Mead*. Lanham, MD: University Press of America.

Perry, K. (2004, February 19). Civic journalism gains momentum in Japanese newsrooms. *Japan Media Review*. Retrieved February 1, 2007 from http://www.japanmediareview.com/japan/media1077241122.php.

Peters, J. (1999). Public journalism and democratic theory: Four challenges. In T. Glasser (Ed.), *The idea of public journalism* (pp. 99–117). New York: Guilford.

Petralia, L. (2004). Public journalism: Moving the youth agenda forward. *Asia Pacific Media Educator, 15*, 17–31.

Pew Research Center for the People and the Press (1999). *Audience interests, business pressures and journalists' values*. Washington, DC: Author.

Pew Research Center for the People and the Press (2000). *Self censorship: How often and why*. Washington, DC: Author.

Pew Research Center for the People and the Press (2004). *How journalists see journalists in 2004*. Washington, DC: Author.

Pickard, V. (2006). Assessing the radical democracy of *Indymedia*: Discursive, technical, and institutional constructions. *Critical Studies in Media Communication, 23*(1), 19–38.

Poindexter, P., Heider, D., & McCombs, M. (2006). Watchdog or good neighbor? The public's expectations of local news. *Harvard International Journal of Press/Politics, 11*(1), 77–88.

Potter, D., & Kurpius, D. (2000). Public journalism and television news. In A. Eksterowicz & R. Roberts (Eds.), *Public journalism and political knowledge* (pp. 77–90). Lanham, MD: Rowman & Littlefield.

Purdue, D. (1999). Experiments in the governance of biotechnology: A case study of the UK national consensus conference. *New Genetics & Society, 18*(1), 79–99.

Putnam, R. (1995). Bowling alone: America's declining social capital. *Journal of Democracy, 6*(1), 65–78.

Quinland, M., Bucco, G., & Berens, C. (2004). *APME credibility roundtables study.* Lincoln, NE: University of Nebraska.

Race: The Great Divide. (1993, February 28). *Akron Beacon Journal,* p. A1.

Raines, H. (1996, February 26). The Fallows fallacy. *The New York Times,* p. D14.

Rasmussen, S. (2001). *Brobygning mellem medieoeer [Bridge-building between media islands].* Aarhus, Denmark: Center for Journalism and Continuing Education.

Redden, G. (2003). Read the whole thing: Journalism, weblogs and the remediation of the war in Iraq. *Media International Incorporating Culture and Policy, 109,* 153–166.

Redden, G., Caldwell, N., & Nguyen, A. (2003). Warblogging as critical social practice. *Southern Review, 36*(2), 68–79.

Reese, S., Gandy, O., & Grant, A. (Eds.) (2001). *Framing public life: Perspectives on media and our understanding of the social world.* Mahwah, NJ: Lawrence Erlbaum.

Reese, S., Rutigliano, L., Hyun, K., & Jaekwan, J. (2005, August). *Mapping the political blogosphere: Citizen-based media in the global news arena.* Paper presented at the Annual Convention of the Association for Education in Journalism and Mass Communication, San Antonio, TX.

Revah, S. (1996). Moving on. *American Journalism Review,* October, 8.

Reynolds, A. (1997, August). *The 1996 presidential campaign, civic journalism and local TV news: Does doing civic journalism make any difference?* Paper presented at the Annual Convention of the Association for Education in Journalism and Mass Communication, Chicago, IL.

Reynolds, A. (1999). Local television coverage of the NIC. In M. McCombs & A. Reynolds (Eds.), *The poll with a human face: The National Issues Convention experiment in political communication* (pp. 113–131). Mahwah, NJ: Lawrence Erlbaum.

Reynolds, G. (2004). The blogs of war. *National Interest, 75,* 59–74.

Reynolds, R. (2005, May). *Agenda-setting the Internet: Political news blogs and newspaper coverage of the 2004 U.S. Democratic presidential candidates.* Paper presented at the Annual Convention of the International Communication Association, New York, NY.

Rhodenbaugh, C. (1998, August). *Missing the link: Citizen-based journalism intent rather than election coverage content affects public trust in media.* Paper presented at the Annual Convention of the Association for Education in Journalism and Mass Communication, Baltimore, MD.

Richards, I. (2000). Public journalism and ethics. *Media International Australia Incorporating Culture and Policy, 95,* 171–182.

Riede, P. (1995, August). *Public journalism and the constraints on news content: A case study of "The People Project."* Paper presented at the Annual Convention of the Association for Education in Journalism and Mass Communication, Washington, DC.

Roberts, M., Wanta, W., & Dzwo, T. (2002). Agenda setting and issue salience online. *Communication Research, 29*(4), 452–465.

Romano, A. (2001). Inculcating public journalism philosophies into newsroom culture. *Australian Journalism Review, 23*(2), 43–62.

Romano, A., & Hippocrates, C. (2001). Putting the public back into journalism. In S. Tapsall & C. Varley (Eds.), *Journalism theories in practice* (pp. 166–184). Melbourne, Australia: Oxford University Press.

Roselle, L. (2003). Local coverage of the 2000 election in North Carolina. *American Behavioral Scientist, 46*(5), 600–616.

Rosen, J. (1991). Making journalism more public. *Communication, 12*(2), 267–284.

Rosen, J. (1994). Making journalism more public: On the political responsibilities of the media intellectual. *Critical Studies in Mass Communication, 11*(3), 363–388.

Rosen, J. (1995). Foreword. In A. Charity (Ed.), *Doing public journalism* (pp. v–vi). New York: Guilford.

Rosen, J. (1996). *Getting the connections right: Public journalism and the troubles in the press.* New York: Twentieth Century Fund Press.

Rosen, J. (1997). Public journalism as a democratic art. In J. Rosen, D. Merritt, & L. Austin (Eds.), *Public journalism: Lessons from experience* (pp. 3–34). Dayton, OH: Kettering Foundation Press.

Rosen, J. (1998). Imagining public journalism. In E. Lambeth, P. Meyer, & E. Thorson (Eds.), *Assessing public journalism* (pp. 46–56). Columbia, MO: University of Missouri Press.

Rosen, J. (1999a). *What are journalists for?* New Haven, CT: Yale University Press.

Rosen, J. (1999b). The action of the idea: Public journalism in built form. In T. Glasser (Ed.), *The idea of public journalism* (pp. 21–48). New York: Guilford.

Rosen, J. (2000). Questions and answers about public journalism. *Journalism Studies, 1*(4), 679–683.

Rosenberry, J. (2005). Few papers use online techniques to improve public communication. *Newspaper Research Journal, 26*(4), 61–73.

Rosendal, P. (2001). *Den skaeve skole: Et forsoeg paa borgerorienteret lokal journalistik* [*The uneven school: An experiment in citizen-oriented local journalism*]. Aarhus, Denmark: Center for Journalism and Continuing Education.

Rosendal, P., & Bro, P. (1998, January 19). Hvid og sort skole i et hus [White and black school under one roof]. *Jyllands-Posten Koebenhavn*, p. A1.

Rosenfeld, H. (1995, October 1). We regret to report that civic journalism is a bad idea. *Times Union,* p. E5.

Rothenburg, M. (2003, October). *Weblogs and the semantic web.* Paper presented at the Annual Convention of the Association of Internet Researchers, Toronto, ON, Canada.

Roush, J. (2003, August). *Elite and non-elite sourcing in civic and traditional journalism news projects.* Paper presented at the Annual Convention of the Association for Education in Journalism and Mass Communication, Kansas City, KS.

Rowe, G., & Frewer, L. (2005). A typology of public engagement methods. *Science, Technology & Human Values, 30*(2), 251–290.

Ruggiero, L., & Craft, J. (2001). An objective measure of the influence of public journalism: Framing a yardstick for connections sought by a new journalistic paradigm—A pilot study. *Southwestern Mass Communication Journal, 16*(2), 36–47.

Ruggiero, T. (2004). Paradigm repair and changing journalistic perceptions of the Internet as an objective news source. *Convergence: The International Journal of Research into New Media Technologies, 10*(4), 92–106.

Rutigliano, L. (2004, April). *When the audience is the producer: The art of the collaborative weblog.* Paper presented at the Fifth International Symposium on Online Journalism, University of Texas, Austin, TX.

Ruusunoksa, L. (2005a, September). *Developing a more participatory approach to local reporting: The civic reporter at Ita-Hame.* Paper presented at the conference on "Problems of the News Media: Focuses, Methodologies and Innovations in Journalism Research," Department of Journalism and Mass Communication, University of Tampere, Tampere, Finland.

Ruusunoksa, L. (2005b, August). *Public journalism at a Finnish regional newspaper: Redefining the roles of the journalist and the reader.* Paper presented at the Annual Convention of the Nordic Association of Media and Communication Research, Aalborg, Denmark.

Ruusunoksa, L. (2006, May). *Public journalism and public sphere(s): Citizen–oriented public sphere in a national, regional, and local context.* Paper presented at the Public Sphere(s) and Their Boundaries Convention, University of Tampere, Tampere, Finland.

Ryan, M. (2001). Journalistic ethics, objectivity, existential journalism, standpoint epistemology, and public journalism. *Journal of Mass Media Ethics, 16*(1), 3–22.

Ryfe, D. (2002). The practice of deliberative democracy: A study of 16 deliberative organizations. *Political Communication, 19*(3), 359–377.

Schroll, C. (1999). Theorizing the flip side of civic journalism: Democratic citizenship and ethical readership. *Communication Theory, 9*(3), 321–345.

Schudson, M. (1978). *Discovering the news: A social history of American newspapers.* New York: Basic Books.

Schudson, M. (1999). What public journalism knows about journalism but doesn't know about the public. In T. Glasser (Ed.), *The idea of public journalism* (pp. 118–133). New York: Guilford.

Securing Your Home. (1993, December 26). *Akron Beacon Journal,* p. A6.

Shaw, D. (1999). The press as player. *Columbia Journalism Review,* November/December, 73–75.

Shepard, A. (1994). The gospel of public journalism. *American Journalism Review,* September, 28–34.

Shepard, A. (2000). You! Read this. *American Journalism Review,* November, 44–52.

Shirky, C. (2003, February 8). Power laws, weblogs, and inequality. *Clay Shirky's writings about the Internet.* Retrieved February 1, 2007 from http://www.shirky.com/writings/powerlaw_weblog.html.

Siebert, F., Peterson, T., & Schramm, W. (1956). *Four theories of the press.* Urbana, IL: University of Illinois Press.

Simmons, H. (1999). How public journalism set the agenda for a public safety complex. *Newspaper Research Journal, 20*(4), 82–90.

Singer, J. (2005). The political j-blogger: Normalizing a new media form to fit old norms and practices. *Journalism: Theory, Practice & Criticism, 6*(2), 173–198.

Sirianni, C., & Friedland, L. (2001). *Civic innovation in America: Community empowerment, public policy and the movement for civic renewal.* Berkeley, CA: University of California Press.

Skube, M. (1999, December 5). Civic journalism ideal is lofty, but not very realistic. *Atlanta Journal and Constitution,* p. 12L.

Smith, H., & Wales, C. (2000). Citizens juries and deliberative democracy. *Political Studies, 48*(1), 51–65.

Smolkin, R. (2004). The expanding blogosphere. *American Journalism Review,* June/July, 38–43.

Snow, T. (1996, September 12). Comment: Can journalists become priests? *Detroit News,* p. A13.

Soellinge, J. (1999). Danish newspapers: Structure and developments. *Nordicom Review, 20*(1), 31–76.

Soendergaard, U. (2005). *Berlingskes redningsplan: Taettere paa laeserne* [*Berlingske's rescue plan: Closer to the readers*]. Aarhus, Denmark: Center for Journalism and Continuing Education.

Stein, M. (1994). In praise of public journalism. *Editor & Publisher, 127*(48), *15*, 45.

Stempel, G., & Culbertson, H. (1984). The prominence and dominance of news sources in newspaper medical coverage. *Journalism Quarterly, 61*(3), 671–676.

Stengrim, L. (2005). Negotiating postmodern democracy, political activism, and knowledge production: *Indymedia*'s grassroots and e-savvy answer to media oligopoly. *Communication and Critical/Cultural Studies, 2*(4), 281–304.

Stepp, C. (1996). Public journalism: Balancing the scales. *American Journalism Review,* May, 38–40.

Technorati (2007, February 1). Currently tracking 52 million blogs. *Technorati.* Retrieved February 1, 2007 from http://www.technorati.com.

Tew, C. (2006, August). *The popularization of the Baghdad blogger: A case study of the authentication of a warblogger and social affiliation between bloggers and journalists.* Paper presented at the Annual Convention of the Association for Education in Journalism and Mass Communication, San Francisco, CA.

The Focus Groups. (1993, February 28). *Akron Beacon Journal,* p. A6.

Thompson, J. (1995). *The media and modernity: A social theory of the media.* Stanford, CA: Stanford University Press.

Thorson, E., Friedland, L., & Anderson, P. (1997). *Civic lessons.* Washington, DC: Pew Center for Civic Journalism.

Thorson, E., Ognianova, E., Coyle, J., & Lambeth, E. (1998). Audience impact of a multimedia civic journalism project in a small Midwestern community. In E. Lambeth, P. Meyer, & E. Thorson (Eds.), *Assessing public journalism* (pp. 158–177). Columbia, MO: University of Missouri Press.

Thorson, E., Shim, J., & Yoon, D. (2002, August). *Crime and violence in Charlotte, NC: The impact of a civic journalism project on knowledge, mental elaboration and civic behaviors.* Paper presented at the Annual Convention of the Association for Education in Journalism and Mass Communication, Miami Beach, FL.

Toft, J. (1996). Denmark: Seeking a broad-based consensus on gene technology. *Science & Public Policy, 23*(3), 171–174.

Tracey, M. (2003, December 13). Civic journalism double-edged; Movement may be good for bottom line but is it good for public or the media? *Rocky Mountain News*, p. 14C.

Venables, D. (2001). *City Voice*: A community newspaper does public journalism. *Australian Journalism Review, 23*(2), 21–41.

Vercelotti, T. (2001, September). *Something to talk about: The effects of civic journalism on political discourse and engagement.* Paper presented at the Annual Convention of the American Political Science Association, San Francisco, CA.

Verykoukis, A. (1998, August). *A journalism less ordinary? The inspirational tone of public journalism.* Paper presented at the Annual Convention of the Association for Education in Journalism and Mass Communication, Baltimore, MD.

Villano, D. (1996). Has Knight-Ridder's flagship gone adrift? Trouble at the Miami Herald. *Columbia Journalism Review*, January/February, 29–33.

Voakes, P. (1999). Civic duties: Newspaper journalists' views on public journalism. *Journalism & Mass Communication Quarterly, 76*(4), 756–774.

Waddell, L. (1997). In the beginning there was Columbus. In J. Black (Ed.), *Mixed news: The public/civic/communitarian journalism debate* (pp. 94–95). Mahwah, NJ: Lawrence Erlbaum.

Wall, M. (2004, August). *Blogs of war: The changing nature of news in the 21st century.* Paper presented at the Annual Convention of the Association for Education in Journalism and Mass Communication, Toronto, ON, Canada.

Wall, M. (2005). Blogs of war: Weblogs as news. *Journalism: Theory, Practice & Criticism, 6*(2), 153–172.

Wall, M. (2006). Blogging Gulf War II. *Journalism Studies, 7*(1), 111–126.

Wallsten, K. (2005, September). *Political blogs and the bloggers who blog them: Is the political blogosphere an echo chamber?* Paper presented at the Annual Convention of the Political Science Association, Washington, DC.

Ward, H. (1996). Doing public journalism. *Editor & Publisher, 129*(7), 23.

Warhover, T. (2000). Public journalism and the press: The Virginian-Pilot experience. In A Eksterowicz & R. Roberts (Eds.), *Public journalism and political knowledge* (pp. 43–60). Lanham, MD: Rowman & Littlefield.

Weaver, D., Beam, R., Brownlee, B., Voakes, P., & Wilhoit, G. (2006). *The American journalist in the 21st century: U.S. news people at the dawn of the 21st* century. Mahwah, NJ: Lawrence Erlbaum.

Weaver, D., & Wilhoit, G. (1996). *The American journalist in the 1990s: U.S. news people at the end of an era*. Mahwah, NJ: Lawrence Erlbaum.

Welsh, P. (2005, February). *Revolutionary vanguard or echo chamber? Political blogs and the mainstream media*. Paper presented at the Annual Convention of the International Network for Social Network Analysis, Redondo Beach, CA.

Whelan, D. (2003). In a fog about blogs. *American Demographics,* 25(6), 22–23.

Willey, K. (2003). Readers glimpse an editorial board's thinking. *Nieman Reports, 57*(3), 88–90.

Witt, L. (2004a). Is public journalism morphing into the public's journalism? *National Civic Review, 93*(3), 49–57.

Witt, L. (2004b, Winter). Do we need a name change? *Civic Journalism Interest Group News,* Winter, 3.

Woo-Young, C. (2005). Online civic participation and political empowerment: Online media and public opinion formation in Korea. *Media, Culture & Society, 27*(6), 925–935.

Wright, C. (2003). Parking Lott: The role of weblogs in the fall of senator Trent Lott. *Gnovis, 2*. Retrieved February 1, 2007 from http://gnovis.georgetown.edu/article.cfm?articleID=25.

Yankelovitch, D. (1991). *Coming to public judgment: Making democracy work in a complex world*. Syracuse, NY: Syracuse University Press.

Yardley, J. (1996, September 30). Public journalism: Bad news. *The Washington Post,* p. C2.

Ye, X., & Li, X. (2006). Internet newspapers' public forum and user involvement. In X. Li (Ed.), *Internet newspapers: The making of a mainstream medium* (pp. 243–259). Mahwah, NJ: Lawrence Erlbaum.

Zang, B. (1995, August). *Missing voices in the civic/public journalism debate: I never thought a newspaper could ask what if and other citizen-reader observations*. Paper presented at the Annual Convention of the Association for Education in Journalism and Mass Communication, Washington, DC.

Zelizer, B. (1992). CNN, the Gulf War, and journalistic practice. *Journal of Communication, 42*(1), 66–81.

Zelizer, B. (1999). Making the neighborhood work: The improbabilities of public journalism. In T. Glasser (Ed.), *The idea of public journalism* (pp. 152–172). New York: Guilford.

# 索引

## A

# B

# C

# D

# E

# F

# G



# H

# I



# J



# K

# L



# M

## N

# O



# P

# Q



# R

# S

# T



# U

# V



# W

# Y



# Z

# 译者后记

坦尼·哈斯教授为美国布鲁克林大学公共新闻研究学者。本书英文原著于2007年由劳特里奇出版社出版发行。该书主要从理论与实践两个层面探讨了“公共新闻”这一新闻改革运动，对于新闻专业的研究者有着较高的学术价值。

“公共新闻”于上世纪末起源于美国，其理论强调对主流新闻的反思（理论层面）与反动（实践层面），主张新闻报道与媒介活动相结合，强调新闻传播者在报道新闻的同时，还应介入公众事务，通过公民参与的各种活动来寻求解决公共问题的对策，最终使问题得到解决。在本世纪初的十年里，公共新闻研究的热潮逐渐在国内形成，大量研究与评介文献开始出现。

在此基础上，结合中国国情，探讨公共新闻在我国的实践和应用的理论研究与案例研究也逐渐开始兴起并在近几年形成热潮。这一切都为本书的翻译出版做足了准备，铺平了道路。虽与英语相伴已经三十余载，但要说精通，谈何容易！更兼初窥传播学门径，尚未登堂入室，要说精确，也诚非易事。幸在陈卫星教授拨冗指点以及责编的劳动下初现译文。在此唯请学界前辈、同好中人不吝雅正，以助吾之学，是为跋。

曹 进

二〇一〇年三月于北京

## 新闻传播学·新视界译丛

### 《全球新闻事业:重大议题与传媒体制》(第五版)

[美] 阿诺德·S.戴比尔 约翰·梅里尔/编 郭之恩/译 16K 定价:59.00元

《全球新闻事业》(第五版)经过全面修订,增加了新的章节、补充了新的作者,讨论的是当下全球新闻事业最重大的议题和传媒体制最深远的变革,是一本学理和案例交融的专业教材,为学界及从业人员认识这个日益全球化、媒体角色日趋重要的世界提供了借鉴。

### 《互联网政治学:国家、公民与新传播技术》

[英] 安德鲁·查德威克/编 任孟山/译 16K 定价:59.00元

本书是互联网与政治这个领域中最透彻和全面的著作——查德威克以其对研究文献的饱学博览,给初涉这个领域的学生提供了最为细致的导论性资料,并为互联网政治学首次提供了全面的视角。

### 《新闻社会学》

[美] 迈克尔·舒德森/编 徐桂权/译 16K 定价:39.00元

《新闻社会学》为当代新闻媒体的起源、结构、符码、文化以及运作实践提供了一种犀利而全面的阐释。其最终目标不是调解有关媒体的争论,而是致力于界定问题所在,并描绘出新闻机构在现代公共意识的形成过程中所扮演的角色。

### 《公共新闻研究:理论、实践与批评》

[美] 坦尼·哈斯/著 曹进/译 16K 定价:39.00元

《公共新闻研究》是一部对新闻改革运动——公共新闻理论的基础与实践——的介绍性著作。此著作提供了改进公共新闻的解决方法,对于任何一位对公共新闻感兴趣的人而言,都不无裨益。

### 《为什么民主需要不可爱的新闻界》

[美] 迈克尔·舒德森/编 贺文发/译 16K 定价:39.00元

新闻界创造不出民主,民主也制造不出新闻事业,但二者之间的关系如何?这正是当今世界著名的社会学家以及媒体研究学者迈克尔·舒德森在本书中要论述的核心问题。本书为舒德森近年最有代表性的论述文集。